MW01485277

POEMAS ESCOGIDOS

POESÍA

PEDRO SALINAS

POEMAS ESCOGIDOS

Prólogo
Jorge Guillén

Edición
Francisco Javier Díez de Revenga

COLECCIÓN AUSTRAL

Primera edición: 26-V-1953
Undécima edición: 9-IX-1997

© *Los Herederos de Pedro Salinas*

© *De esta edición: Espasa Calpe, S. A., 1953, 1991*

Diseño de cubierta: Tasmanias

Depósito legal: M. 27.198—1997

ISBN 84—239—7226—7

Impreso en España/Printed in Spain
Impresión: UNIGRAF, S. L.

ESPASA

Editorial Espasa Calpe, S. A.
Carretera de Irún, km 12,200. 28049 Madrid

ÍNDICE

INTRODUCCIÓN

En 1953, en Buenos Aires, apareció la primera edición de estos POEMAS ESCOGIDOS, reunidos por Jorge Guillén para la Colección Austral [1]. El contenido del libro era el mismo que ofrecemos ahora, compuesto por el breve prólogo de Guillén y una serie de poemas pertenecientes a todos los libros de Salinas publicados hasta esa fecha, incluso los correspondientes al libro *Confianza,* que el poeta había dejado dispuesto para su publicación en 1951. No figuraban en estos POEMAS ESCOGIDOS las composiciones correspondientes a *Largo lamento,* que no sería conocido por los lectores hasta su inclusión en *Poesías completas* en la edición de 1971 [2], cuando apareció aún incompleto tras algunos adelantos parciales [3], y en la segunda, de 1975, en la que se incluyeron veintiséis poemas y se adoptó la configuración «definitiva»

---

[1] Pedro Salinas, *Poemas escogidos,* edición prologada y dispuesta por Jorge Guillén, Colección Austral, Espasa Calpe Argentina, Buenos Aires, 1953.

[2] Pedro Salinas, *Poesías completas,* prólogo de Jorge Guillén, Barral, Barcelona, 1971. No fue la edición definitiva, puesto que, aunque contó con la importante incorporación de *Largo lamento,* aún se añadirían veintiséis poemas más de este libro en la edición de 1975.

[3] Pedro Salinas, *Volverse sombra y otros poemas,* All'insegna del pesce d'oro, Milán, 1957. *Vid.* sobre todo la «advertencia editorial» realizada por Juan Marichal.

con la que hoy lo conocemos [4]. Recientemente se ha editado en libro aparte por primera vez [5].

La edición de Austral queda completada ahora, en forma proporcional, con los poemas de *Largo lamento,* que consideramos representativos del libro en la línea de la selección realizada por Guillén. La antigua edición de Austral se volvería a imprimir en una segunda edición en el mismo 1953 en Buenos Aires, y en 1965, 1972 y 1977 en Madrid [6], siempre con el prólogo de Guillén. Las sucesivas apariciones de estos POEMAS ESCOGIDOS constituyeron para los lectores españoles de los años cincuenta y sesenta, y para las jóvenes generaciones que se incorporaban a la lectura de poesía, el único contacto con el poeta madrileño y prácticamente la única oportunidad de conocer a un autor tan representativo.

El acierto de Jorge Guillén al seleccionar estos poemas y no otros debe ser hoy reconocido. Constituyen una muy representativa colección de la lírica saliniana que se completa con el excelente prólogo que, a pesar de su brevedad, sentó para muchos la base de su conocimiento del poeta. Nadie mejor que Guillén para hacer prólogo y edición, dada la extraordinaria amistad que les había unido y que tras la muerte del poeta de *La voz de ti debida* se había fundamentado en la admiración hacia su poesía, mantenida siempre por Guillén [7]. El valor de esta edición radica en que el poe-

[4]   Pedro Salinas, *Poesías completas,* prólogo de Jorge Guillén, Barral, Barcelona, 2.ª edición aumentada, 1975. *Vid.* para todas las cuestiones referentes a los poemas incorporados a esta edición, la «Nota preliminar a la 2.ª edición», realizada por Soledad Salinas en diciembre de 1974, que da cuenta de la formación de los libros póstumos de Salinas, así como de la recuperación de poemas iniciales y poemas finales de Salinas (págs. 31-36).
[5]   Pedro Salinas, *Largo lamento,* prólogo de Soledad Salinas de Marichal, vol. 4 de *Poesías completas,* Alianza Editorial, Madrid, 1990.
[6]   Pedro Salinas, *Poemas escogidos,* Colección Austral, Espasa Calpe Argentina, Buenos Aires, 2.ª edición, 1953; 3.ª edición, Espasa Calpe, Madrid, 1965; 4.ª edición, Madrid, 1972; 5.ª edición, Madrid, 1977.
[7]   *Vid.* Ángel del Río, «El poeta Pedro Salinas: vida y obra»,

ta de *Cántico,* como hemos de leer en su prólogo —que hemos mantenido—, escogió la poesía de Salinas de veta más humana, aquella que estaba presidida por una mayor espiritualización y por una presencia más decidida del «alma». Al mismo tiempo, en el prólogo, caracterizó toda la poesía de su Salinas, y con razón, por su lado más espiritual, de manera que el texto espléndido que el autor de *Cántico* situó al frente de las primeras versiones de esta edición, se habría de convertir en la carta de presentación única y por antonomasia de Salinas y la utilizada más veces por estudios posteriores, historias de la literatura y de la poesía española de nuestro siglo.

Espiritualidad, idealismo, contemplación, «alma» en definitiva, y en el centro la gran experiencia amorosa de la mejor poesía de este género en nuestro siglo, desde *La voz a ti debida* a *Razón de amor,* partiendo de una frase que sin duda habría de hacer fortuna en los estudios salinianos: «Era fatal que la poesía de Pedro Salinas culminase en el tema amoroso. Y así fue, y magníficamente» [8].

LA POESÍA DE PEDRO SALINAS

Entre los poetas de su generación, Salinas se destaca por su condición de universitario vocacional —compartida con Guillén, Dámaso Alonso o Gerardo Diego— que cultiva la literatura en todas sus manifestaciones: el ensayo, la crítica literaria y, en su caso, el teatro, la narrativa. Además, cómo no, la poesía. Su personalidad es la típica de un universitario que se dedica, como señaló David L. Stixrude, toda su

---

pág. 16; Joaquín González Muela, «Poesía y amistad: Jorge Guillén y Pedro Salinas», pág. 206; Biruté Ciplijauskaité, «Salinas: "el atento"», págs. 29-33, y Martha Morello-Frosch, «Salinas y Guillén: dos formas de esencialidad», págs. 16-22.

[8] Frase reproducida por Jorge Guillén en su prólogo a *Poesías completas,* edición Barral, cit.

vida a investigar, servir y enseñar [9]. Una vida, por otro
lado, repartida entre dos realidades bien diferentes y divi-
dida por el exilio voluntario: la de la España anterior a la
guerra civil, que culmina en la etapa al frente de la Univer-
sidad de Verano de Santander, y la de Estados Unidos, en
la que desarrolló actividades docentes en diversos centros
universitarios americanos y en la que tuvo satisfacciones in-
telectuales rodeado de una cultura americana en la que no
quiso integrarse totalmente. A este respecto se recuerda su
simpática glosa de la frase de Juan Ramón Jiménez «yo no
hablo inglés para no estropear mi español», que Salinas, se-
gún relata su hija y biógrafa Soledad Salinas [10], reformaba
jocosamente para sí: «Yo no hablo inglés para no estropear
el inglés».

En la formación intelectual de Salinas ha destacado Ángel
del Río la simbiosis extraordinaria de su cultura y forma de
ser, ya que en ella confluyen aspectos que son definidores y
que, teniéndolos en cuenta, nos permitirán entender mejor
su poesía. Para Del Río, en la formación del poeta, desta-
can, por un lado, su condición de madrileño (castizo, ciu-
dadano-urbano, irónico), sus años de la Sorbona, en París
(ingenioso, refinado, mundano, *spirituel)*, sus temporadas en
el Mediterráneo (quietud, luminosidad, «ardorosa sensuali-
dad espiritualizada» —Miró) y sus ocho años de Sevilla (gra-
cia señorial, perfil clásico), todo confluyendo en una perso-
nal simbiosis de lo castellano y lo andaluz [11]. Caracterizacio-
nes en su formación que habrán de completarse con
múltiples matices nuevos que van tomando cuerpo al paso

---

[9]   David L. Stixrude, edición de *Aventura poética,* pág. 15.
[10]   Soledad Salinas de Marichal, «Recuerdo de mi padre», pági-
na 39. *Vid.* también la magnífica semblanza de Don Pedro en Amé-
rica que hace Dámaso Alonso en *Poetas españoles contemporáneos,*
págs. 189-200: «Es un poeta que ha vivido mucho, en la vida de la
realidad y en la realidad del mundo de los libros, que ha sangrado
mucho por el camino de las piedras, y ha volado mucho por la
fantasía universal, cargado así de la más auténtica ciencia y de la
más verídica experiencia» (págs. 192-193).
[11]   Ángel del Río, *op. cit.,* págs. 19-20.

de los años, sobre todo desde su traslado a EE.UU. y su exilio voluntario y consciente.

Una aproximación general a toda la producción poética de Salinas de la mano de Jorge Guillén [12], amigo fiel y generoso siempre, nos indica que está compuesta de nueve libros poéticos, que es posible distribuir en tres fases o etapas: por un lado, una inicial —de 1923 a 1931— comprende *Presagios, Seguro azar* y *Fábula y signo*. La segunda, considerada «ciclo verdadero», va desde 1933 a 1938 y en ella «se desenvuelve el gran tema»: *La voz a ti debida, Razón de amor* y *Largo lamento*. Y finalmente, otros tres libros correspondientes a los años cuarenta: *El Contemplado, Todo más claro* y *Confianza*. La división en tres etapas, con los diferentes desarrollos estructurales en múltiplos de tres, y la división de la vida de Salinas en dos grandes etapas de treinta años, realizada por Guillén, ha sido utilizada por Marichal para definir el sentido de cada una de estas tres fases: la primera como tiempo de *encentración,* búsqueda de la propia voz; la segunda como época de *descentración* —presencia de la amada—, y la tercera, de *sobrecentración* o ampliación de su voz en *El Contemplado* [13].

En la personalidad poética de Pedro Salinas se ha destacado por parte de numerosos estudiosos la relación del poeta con la realidad, aspecto sobre el que él mismo, como crítico, dejó amplias reflexiones en muchos de sus ensayos, pero muy especialmente en *La realidad y el poeta* [14]. Concha Zardoya [15] ha querido ver en la poesía de Salinas la puesta en práctica de su teoría de que la poesía es «una aventura hacia lo absoluto», según el poeta dejara escrito en su com-

---

[12]   Jorge Guillén, prólogo a *Poesías completas,* pág. 1.
[13]   Juan Marichal, *Tres voces de Pedro Salinas,* págs. 25-47.
[14]   Pedro Salinas, *Reality and the Poet in Spanish Poetry,* The Johns Hopkins Press, Baltimore, 1940. También en *Ensayos completos,* vol. I, Taurus, Madrid, 1983, págs. 189-291.
[15]   Concha Zardoya, *Poesía española del siglo XX. Estudios temáticos y estilísticos,* vol. II, pág. 59.

parecencia de la *Antología* de Gerardo Diego [16]. Para Salinas, platónicamente, las cosas las conocemos por el accidente de su existencia, que oculta su auténtica realidad, su esencia. Y aspira a descubrir a través de tales accidentes —simples formas de existencia— lo que no cambia y permanece: el ser absoluto, la realidad absoluta y atemporal invariable y eterna: la realidad poética en otros términos [17].

La división por etapas de la poesía de Salinas no debe impedirnos advertir su carácter, sin embargo, unitario. Justamente toda su poesía se configura como esa «aventura hacia lo absoluto» que él pretendió, y en todo momento debemos entenderla como la búsqueda de una expresión de esa realidad que el poeta intenta ante todo retener para sí y entregar al lector para que elabore su propia lectura. En otro lugar de la poética escrita para la *Antología* de Gerardo Diego se refiere a esta idea cuando señala que «cuando una poesía está escrita se termina, pero no se acaba; empieza, busca otra en sí misma, en el autor, en el lector, en el silencio» [18]. «Profunda presencia» ha destacado en esta poesía Emilia de Zuleta, quien advierte en estas palabras de Salinas su concepto de que «la poesía a veces descubre en sí una intención no sospechada y acaba en la iluminación, vale

---

[16]   En Gerardo Diego, *Poesía española contemporánea (Antología),* 4.ª edición, Taurus, Madrid, 1968, págs. 303-304. *Vid.* para la observación panorámica de todas las ideas literarias de Salinas y especialmente la solidez de su poética, M.ª Carmen García Tejera, *La teoría literaria de Pedro Salinas,* en particular págs. 43-72. También José Francisco Cirre, *El mundo lírico de Pedro Salinas,* páginas 27-40.

[17]   Pedro Salinas, *La realidad y el poeta,* pág. 279. Antonio Blanch, en *La poesía pura española* (págs. 280-281), ha visto este enfrentamiento entre la realidad y el poeta Salinas en relación con el magisterio de Paul Valéry: «Antes de 1931 el motivo central de su poesía parece ser el drama de las relaciones entre el yo y el universo, o entre el yo o un tú enigmático, siempre ausente. Incluso su poesía amorosa está tejida de momentos sin historia» (págs. 280-281).

[18]   En Gerardo Diego, *op. cit.,* pág. 303.

decir, en la revelación del misterio» [19]. En su defensa de este concepto unitario de la poesía, Carlos Feal Deibe ha señalado también otros rasgos que son comunes a toda la producción saliniana: «La intuición que está en la base de la compleja poesía de Pedro Salinas es ésta: todos los seres del mundo están dramáticamente escindidos en alma y cuerpo. El afán de poeta se encamina a lograr la unidad, la reconciliación de esos dos términos. La originalidad consiste en que no sólo adjudica el alma a los seres humanos, sino también a las cosas» [20].

Otro rasgo común de toda la producción saliniana ha sido advertido por Alma de Zubizarreta, quien ha querido fijar en el diálogo creador el hilo conductor de toda esta poesía como signo expresivo, «recurso expositivo dominante», de una realidad poética común. En los primeros libros *(Presagios, Seguro azar* y *Fábula y signo)* está presente en el diálogo con las cosas y consigo mismo; en *La voz a ti debida* y *Razón de amor,* la plenitud de la vivencia y re-creación de diálogo con la amada: pierde en *Largo lamento* la relación con el tú, para aparecer más tarde el diálogo «con el tú esencial, bajo el símbolo del mar de *El Contemplado,* libro paralelo a *Razón de amor* por constituir ambos expresión de relación. Cerrando el proceso de la aventura dialógica, el poeta vuelve en *Todo más claro* y *Confianza* a retomar el diálogo con todos los distintos seres que conforman ya el universo dialógico» [21].

---

[19] Emilia de Zuleta, *Cinco poetas españoles (Salinas, Guillén, Lorca, Alberti y Cernuda),* pág. 59.

[20] Carlos Feal Deibe, *La poesía de Pedro Salinas,* pág. 13.

[21] Alma de Zubizarreta, *Pedro Salinas. El diálogo creador,* página 363. Aun así, Antonio Blanch ha precisado: «En el fondo, el diálogo que expresa no es más que un monólogo interior de su propio yo: tan pronto es el recuerdo como el deseo de un contacto personal que ya no existe o que no ha existido jamás» *(Op. cit.,* página 281).

LA BÚSQUEDA DE UN CAMINO POÉTICO

La poesía inicial de Pedro Salinas es muy interesante a pesar de que la crítica no ha visto en ella sino una preparación e incluso un ejercicio poético para ese gran esplendor que surgirá después, en la gran etapa de la poesía amorosa, la central de su obra tanto en su sentido estético y su originalidad como en una posición estrictamente cronológica. Lo primero que percibe el lector al leer los tres libros iniciales de Salinas es, ante todo, un buen dominio del verso y de la palabra poética que ya queda acuñada en notas que serán desde entonces muy características de la expresión saliniana. Hay que tener en cuenta que los poemas que componen estos tres primeros libros no son los primeros que el poeta publica, ya que con anterioridad lo había hecho en revistas, versos que hoy conocemos editados en volumen tanto en las *Poesías completas* [22] como en otra reciente edición [23]. Ni tampoco son los poemas iniciales, porque sabemos, por las cartas a su novia, que Salinas escribía versos desde muy joven y que llegó a tener preparado algún libro para publicarse, aunque no lo llevó a la imprenta [24].

En realidad, *Presagios* es un libro de un poeta ya consagrado en cierto modo, que merece la atención, los elogios y el apoyo de Juan Ramón Jiménez. Además es un poeta que en 1923 tiene treinta y dos años, es ya catedrático de universidad y revela una primera madurez. De ahí que no nos sorprenda el dominio de la palabra poética que advertiremos en este libro y en los subsiguientes, *Seguro azar* y *Fábula y signo*.

Comparada esta con la etapa posterior, ha llamado la atención una posible vinculación a la poesía pura, y por ello,

---

[22] En *Poesías completas,* págs. 845-850 y 861-884.
[23] En Pedro Salinas, *Presagios, Seguro azar, Fábula y signo,* prólogo de Soledad Salinas de Marichal, vol. 1 de *Poesías completas,* Alianza Editorial, Madrid, 1989, págs. 140-156.
[24] Pedro Salinas, *Cartas de amor a Margarita, 1912-1915,* edición de Soledad Salinas de Marichal, Alianza Editorial, Madrid, 1984.

quizá, a Luis Cernuda le pareció una poesía «exenta de valores afectivos humanos» [25]. Tal opinión ha sido puesta en duda por Debicki, quien, en efecto, destaca «el valor humano y afectivo de estos libros» [26]. Pero lo que más llama la atención de esta poesía primera es el carácter intrascendente y trivial que aparentemente se percibe en ella, cuando vemos los juegos de ingenio en torno a los objetos que nos rodean y en torno a la realidad, como si Salinas ya plantease un primer enfrentamiento de la realidad y el poeta. «Como punto de partida —ha escrito Luis Felipe Vivanco—, Salinas prefiere humildemente una anécdota, y, para realizarla, en vez de imaginación formal autónoma, utiliza, tal vez artesanamente, su nueva especie de imaginación formal aplicada» [27].

Sin duda, la originalidad de esta etapa reside en la capacidad del poeta para vivir los objetos y darles un sentido humano. En una creencia, como hemos adelantado, de que todo puede tener alma y cuerpo, y al poeta corresponde dar unidad a estos términos, la originalidad entonces estará, como señala Feal Deibe, «en que no sólo se adjudica un alma a los seres humanos, sino también a las cosas» [28].

Y otro rasgo muy valioso de esta etapa es que en ella ya está fijada la personalísima retórica saliniana, con la presencia de un lenguaje poético castizo y natural, en el que un vocabulario cotidiano se sublima en asociaciones de un gran valor lírico, de manera que con él, como señaló Ricardo Gullón, «el mito del lenguaje poético ha recibido un nuevo y considerable golpe» [29]. Y junto al lenguaje, se inaugura también su poderoso dominio sobre el verso, terreno en el

---

[25]   Luis Cernuda, *Estudios sobre poesía española contemporánea*, págs. 156-157.
[26]   Andrew P. Debicki, *Estudios sobre poesía española contemporánea. La generación de 1924-1925*, pág. 57.
[27]   Luis Felipe Vivanco, *Introducción a la poesía española contemporánea*, pág. 116.
[28]   Carlos Feal Deibe, *op. cit.*, pág. 13.
[29]   Ricardo Gullón, «La poesía de Pedro Salinas», pág. 91.

que instaura un sistema libre de versos tradicionales, abierto
y perfectamente amoldado a las necesidades expresivas. Con
seguridad, en esta primera etapa se solidifica el verso que
luego se habrá de convertir en el gran aliciente formal de
La voz a ti debida y *Razón de amor,* en donde las formas
métricas tan peculiares son inseparables del recuerdo que en
el lector queda de todo este mundo tan original.

Presagios [30] constituye no sólo el primer libro de Salinas,
sino, lo que es también importante, su primera experiencia
editorial. En ella vio Guillén al poeta «tímido y exigente» [31]
que prepara cuidadosamente su libro para que lo edite nada
menos que Juan Ramón Jiménez y sitúa en el centro de la
obra tres interesantes sonetos, únicos en su producción, que
nos reflejan el intento de adaptar una inspiración suelta y
libre a una estructura limitada por las exigencias del verso y
precedida de una noble y larga tradición en nuestras
letras [32].

Se han visto en este libro de Salinas los temas que van a
ser fundamentales en su poesía a lo largo del tiempo, y así
Palley ha advertido la presencia de los que serán motivos
básicos de su poesía: «*el amor,* expresado por la antigua
dialéctica del amado y de la amada; la idea de la *nada,* lo
desconocido, es decir, un mundo que existe detrás de un
mundo real o más adentro del alma; el tema de la *voluntad-
poder,* de asir lo inasidero, todos se encuentran más o me-
nos vigentes en *Presagios*» [33].

La poesía recogida en este libro de Salinas revela, por
otro lado, su dominio del lenguaje y su capacidad de cons-
trucción con el de mundos poéticos que van a ser en el poe-
ta muy característicos. La misma enigmática «cadena» con
que se abre el libro que, en definitiva, se nos presenta todo

---

[30]   Pedro Salinas, *Presagios,* Biblioteca de Índice, Madrid, 1923.
Pero aparecido en 1924.
[31]   Jorge Guillén, prólogo a *Poesías completas,* pág. 2.
[32]   Francisco Javier Díez de Revenga, *Tres poetas ante el amor,
el mundo y la muerte (Salinas, Guillén, Lorca),* págs. 9-30.
[33]   Julian Palley, «*Presagios* de Pedro Salinas», pág. 99.

él también como una cadena de poemas, nos introduce en pequeñas estampas de paisajes evocados con entusiasmo contemplativo y con detallismo preciso. Así, el cielo, el mar, la nube, las sombras, el río, el campo, son elementos que irán adquiriendo un protagonismo debido a su condición nada estática. La arena de una playa («Arena, hoy dormida en la playa / y mañana cobijada / en los senos del mar») llega a simbolizar lo cambiante, lo inasible, lo paradójicamente inmantenible del mundo. Desde luego, todo lo que hay alrededor del poeta puede llegar a ser muy enigmático. Así, el tema de la cadena se reproduce en el poema «Esta cadena de hierro / que tanto pesa, me es leve...», para vincularla a un poder dominador ignorado por el poeta: «a ese dueño desconocido / a ese dueño...»

Es interesante también la presencia de la amada en el libro, que se muestra, del mismo modo, un tanto enigmática y desconocida. El poeta quiere ante todo tener la «posesión de tu nombre», pero no es capaz de concentrar, porque no quiere o porque no puede, la imagen de la amada. Aparecen ya en estos poemas las palabras —«ven», «vete»— y el diálogo se inicia, pero la amada es inasible de momento: «Tu presencia y tu ausencia / sombra son una de otra, / sombras me dan y quitan». El alma de la amada es la más difícil de convencer. En el poema «¡Cuánto rato te he mirado...», sorprende a la amada enigmática en la imagen del espejo. Hay una relación física, pero el poeta no consigue penetrar en el alma de la amada («Siento un vacío que sólo / me lo llenará ese alma / que no me das»). Alma que en otro poema de muy finos hexasílabos («El alma tenías...») quiere el poeta lograr utilizando los medios caballerescos que parecen recuperados de los difíciles accesos a la amada del amor cortés medieval: atajos angostos, pasos altos, alta escala... Aún así, el poeta no consigue el acceso a la paradójicamente abierta fortaleza: «Me quedé por siempre / sentado en las vagas / lindes de tu alma».

Salinas se vincula ya en este libro a la tradición literaria española, como harán todos los poetas de su generación,

combinando novedades aprendidas en los movimientos de
vanguardia con las heredadas de sus lecturas clásicas espa-
ñolas. «No olvidemos —advierte Soledad Salinas— que,
como profesor de Literatura Española, Salinas explicaba a
los poetas del Siglo de Oro, algunos de los cuales están pre-
sentes en su poesía» [34]. Son interesantes en este sentido los
sonetos que figuran en el libro, y muy especialmente aquel
en que, ante unos fuegos artificiales, el poeta se plantea la
brevedad de la vida, ya que lo que está viendo, y comuni-
cando a la amada, es decir, la brillantez de los fuegos de
artificio en un cielo de agosto, «lleva el vicio / en sí de toda
humana criatura: / vicio de no durar». En su búsqueda de
lo más durable, el poeta recupera en pleno siglo XX —quizá
la forma del soneto impone inconscientemente estas refle-
xiones— un tema clásico, un *carpe diem,* que hemos de ver
en *La voz a ti debida* constantemente sugerido y potenciado.

El otro soneto, el dedicado a un objeto tan particular-
mente querido por su autor, el libro, nos presenta al Salinas
lector, al poeta que ve en la figura de ese mazo de hojas de
papel blanco «el oro que guardaba tu venero», que «hoy
está libre en mí». El poeta finaliza el soneto revelando la
vitalidad de esa lectura y de ese mundo: «aquí en mi cora-
zón lo siento vivo». Libertad y vida, interrogación sobre
esas cadenas y esos elementos enigmáticos de la naturaleza
que son anuncio de mundos poéticos singulares.

Seguro azar [35] sorprende ya desde su paradójico título y,
en realidad, en su interior el lector encontrará lo que Gui-
llén denominó «más sutilezas de intento y sentimiento» [36].
En esta obra, el poeta dio entrada a optimistas elementos

---

[34]   Soledad Salinas de Marichal, edición de *Presagios, Seguro
azar* y *Fábula y signo,* pág. 10.
[35]   Pedro Salinas, *Seguro azar,* Revista de Occidente, Madrid,
1929.
[36]   Jorge Guillén, prólogo a *Poesías completas,* pág. 5. *Vid.*
C. B. Morris, *Una generación de poetas españoles (1920-1936),* y sus
interesantes observaciones sobre *Seguro azar* en el capítulo «El jue-
go poético», págs. 141-146.

de la vida «moderna» que, en algún momento, caracteriza-
ron la poesía de Salinas: deporte, Far West, bombilla, etc...
Pero tras ellos hay una reflexión sobre el mundo presente
ya en este «seguro azar», que luego se desarrollarán con
mucha intensidad en la poesía de la última etapa, cuando el
poeta se enfrenta con la crueldad de nuestro mundo, inmer-
so en una sociedad diferente y tras haber vivido o estar vi-
viendo crueles experiencias. Darmangeat ya advirtió este
rasgo peculiar del libro: «Todo lo que anima a este librito,
tantos espectáculos apenas entrevistos, todo enseguida se
enturbia y se pone borroso. Subsiste la vida, en descon-
fianza» [37].

En el libro es posible percibir otras inquietudes salinianas,
que ya han sido señaladas por la crítica más rigurosa. Así,
la preocupación por el tiempo y la poesía [38], el triunfo de la
vida moderna con afán de extratemporalidad [39], el enfren-
tamiento con las *cosas* y el deseo de hacerlas imperecederas
y, sobre todo, la realidad, que consagra a Salinas ya como
su gran observador, convertido en «un protagonista concreto
que mira e interpreta la realidad» [40].

Uno de los temas más sobresalientes de *Seguro azar* y que
sin duda no ha de sorprender al lector, son las marinas.
Guillén, consciente de su importancia en este momento de
la obra del poeta, seleccionó varias, quizá porque en ellas
se encuentra al Salinas de los grandes espacios abiertos, que
se asombraba ante las mil bellezas del mundo que le rodea.
El mar, quizá el mar de Santa Pola o de Torrevieja, es un
ser lleno de vida ya «contemplado» en este momento por el
poeta, entrevisto en «la rosa frágil de espuma», único ele-
mento dinámico que descubrimos en «Orilla». Ese «azul,
quieto, mar de julio» será en otro poema «Ámbito exacto: /
allí acaba, aquí empieza, / aquí estoy yo, allí ella. / Ausen-

---

[37]   Pierre Darmangeat, *Antonio Machado. Pedro Salinas. Jorge
Guillén,* pág. 116.
[38]   Andrew P. Debicki, *op. cit.,* págs. 70-71.
[39]   Concha Zardoya, *op. cit.,* pág. 115.
[40]   Andrew P. Debicki, *op. cit.,* pág. 71.

cia». La sal, el agua, el sol, la luz, unas rastrojeras ardidas... conforman un espacio de recreo poblado de criaturas especialmente gratas. En «La concha», el poeta revivirá la forma y los colores de esa criatura marina, mítica y venerada, símbolo del tiempo sobre el tiempo, otro de los temas fundamentales en *Seguro azar*. Imágenes geométricas, emparentadas con gestos de vanguardia, nos descubren al Salinas pintor de la belleza y cantor de la eternidad perpetua representada en esa concha, Salinas pintor que otras veces nos sorprende con una acuarela sevillana, intrascendente pero hermosa, contagiada por el ritmo popular de la música andaluza y el verso breve y repetitivo.

La concha marina ha simbolizado el tiempo que en *Seguro azar,* como hemos adelantado, se muestra como preocupación llena de matices. Y algunos de una notable originalidad, como la prisa acelerada, velocísima, que descubrimos en ese «Pasillo de la prisa» en que aparece el tiempo quemando al día, y tras este día otro día y otro. Pero al poeta no le cunde el pesimismo, sino el contento más feliz que se expresa en rico vocabulario: «Toda mi perfección guardada y seca, / ahorro de tantos años, / ¡cómo la despilfarro, / viéndola chispar, brotar, chascando / para que ella me invente al consumirse / un mundo en blanco!»

Y comparece nuevamente la amada, pero de una forma muy especial, tan distinta de la que aparecerá en *La voz a ti debida* y en *Razón de amor,* aunque de esta última sean antecedentes inmediatos poemas que leemos ahora. Se trata de esas composiciones en las que, como ha señalado Soledad Salinas, «aparecen y desaparecen breves imágenes de muchachas que entran dentro del estilo ultraísta por el enfoque humorístico, y la disposición gráfica de las palabras en versos sucesivos, en forma de vaivén» [41]. En este sentido, son muy interesantes poemas como «Su voz desnuda», en el que el silencio es la única respuesta de esta amada fugitiva

---

[41] Soledad Salinas de Marichal, edición de *Presagios, Seguro azar, Fábula y signo,* pág. 14.

que no contesta a las palabras del poeta, sin eco: «Ceñida en tu silencio / "Sí" y "no", "mañana" y "cuando", quiebran agudas puntas / de inútiles saetas / en tu silencio liso / sin derrota ni gloria». Otras veces la amada es denominada «La difícil», expresión de un vacilante ir y venir, esta criatura que, como la anterior, sólo tiene por respuesta el silencio, que se consagró definitivamente en el poema final «Triunfo suyo», final en el libro y final también en esta selección de Jorge Guillén. En la mítica amorosa establecida por Salinas hay otro motivo no menos enigmático, el del cristal frente al espejo: «Para cristal te quiero / nítida y clara eres...», leemos en el poema «Amiga» que finaliza con un rechazo frontal del espejo. La trasparencia, el tránsito de un mundo a otro, expresados por el cristal, es negado por el espejo, que no sólo no recibe y permite que traspase la imagen, sino que además la refleja y la devuelve, en cruel rechazo de los deseos del poeta: «Tu presencia aquí, sí, / delante de mí, siempre, / sin verte y verdadera. / Cristal ¡Espejo, nunca!»

Y, finalmente, la representación del mundo moderno, que en el libro tiene configuraciones muy felices como el ya citado «Far West», con toda la magia nueva del cinematógrafo, y «Navacerrada, abril», poema sorpresa con final inesperado, paralelo a «35 bujías», recogido en esta antología. En «Navacerrada, abril» el poema se inicia con la presencia de «los dos solos» dejando un paisaje atrás, esperando otro paisaje al frente: «Sus tres banderas blancas / —soledad, nieve, altura— agita la mañana». Pero ¿quién está con el poeta?: «Y de pronto mi mano / que te oprime, y tú, yo, / —aventura de arranque eléctrico— rompemos / el cristal de las doce, / a correr por un mundo / de asfalto y virgen.» Al final, el poeta se rinde ante la «amada mecánica» y ante sus doce caballos de potencia. Soledad Salinas ha llamado la atención sobre el tipo de musa inspiradora común al poema «35 bujías»: «Y entonces ella se convertirá en su "musa iluminadora", su "amada eléctrica" y eterna. La salvación de la princesa es de arranque mágico ("apretar un botón") y el poeta utiliza el botón lo mismo que Aladino la lámpara ma-

ravillosa; sin saber cómo funciona» [42]. El procedimiento uti-
lizado en esta ocasión por Salinas será el mismo que em-
pleará, como veremos en *Fábula y signo,* cuando sean las
teclas de una máquina de escribir las sublimadas. Aquí es la
luz artificial de una bombilla la que envuelve al poeta en la
soledad de un cuarto.

Seguro azar alcanza en el poema «Fe mía» su más clara
representación. Es el último poema y en él aparece el título
del libro que refleja todo su sentido. El mito de la rosa (esta
de papel e incluso la verdadera) es para el poeta un nuevo
reflejo de la «rosa mutábile» de la que no se fía. Su fe está
en el redondo «seguro azar» [43].

El tan traído y llevado enfrentamiento de Salinas con la
realidad ha sido visto por Palley en el título de su tercer
libro *Fábula y signo* [44], ya que en él advierte la relación en-
tre el mito creado por el artista (fábula) y la realidad exter-
na (signo), combinación que será la clave del encuentro en-
tre la realidad y el poeta en Salinas, fundamental para en-
tender lo que luego supondrá *La voz a ti debida,* como vio
Dehennin [45]. *Fábula y signo* supone también la consagración
de Salinas como interpretador de la vida moderna, y quizá
uno de los poemas más famosos suyos antes de *La voz a ti
debida* —«Underwood girls»— ha determinado la conside-
ración de este libro, en opinión de algunos, como un sor-

---

[42]   Soledad Salinas de Marichal, *íbidem,* C. B. Morris, *op. cit.,*
pág. 143, ha señalado que Salinas invierte aquí, como en un nuevo
«juego poético», el símil de Ramón Gómez de la Serna «Aquella
mujer era a la luz del día como una bombilla eléctrica encendida
en plena luz del sol».

[43]   Vicente Cabrera ha señalado a propósito de este poema que
«el tema es esa fe poética de Salinas en la esencia, el alma, la idea,
que está más allá de la realidad común. Su fe no está en la rosa
natural, ni en la artificial, pues son realidades limitadas; él confía
en la ideal que no está sujeta a ninguna contingencia» *(Tres poetas
a la luz de la metáfora. Salinas, Aleixandre y Guillén),* pág. 110.

[44]   Pedro Salinas, *Fábula y signo,* Plutarco, Madrid, 1931.

[45]   Julian Palley, *La luz no usada: la poesía de Pedro Salinas,*
pág. 46, y Elsa Dehennin, *Passion de l'absolu et tension expressive
dans l'oeuvre poétique de Pedro Salinas,* págs. 41-67.

prendente escrutinio del mundo presidido por nuevos obje-
tos de la técnica, capaces de ser sublimados por el poeta.
Luis Felipe Vivanco advirtió en *Fábula y signo* un deseo del
poeta de «resolver» poéticamente los enigmas propuestos
por la técnica reduciéndolos «a realidades humanizadas de
siempre. El sentido humano de despertar y hacer crear un
mundo poético es todo un "signo" de la actitud del poeta
ante la realidad»[46].

Un poema como «Underwood girls» puede ser, en efec-
to, representativo de la actitud del poeta en este momen-
to. El poema está dirigido en segunda persona a un des-
conocido interlocutor, como es frecuente en la poesía de
Salinas, que posiblemente sea esa amada invisible a la que
se dirigen todos sus libros en este tiempo, con la que com-
parte las realidades poetizadas en sus versos. El objeto
poético son las teclas de una máquina de escribir, evoca-
das desde los más sugerentes ángulos. Es la personifica-
ción de las teclas la que provoca sensaciones de quietud
(dormidas, quietas), recreos visuales en colores y formas
(redondas, blancas), sugerencias a través de metáforas e
imágenes (las nubes capaces de producir una lluvia meta-
fórica de signos que representan la realidad), o alusiones
auditivas (el sonido de las teclas crea un vals metálico,
moderno, mecánico, nuevo en definitiva...). El tono mí-
tico de «Underwood girls» viene dado por ser las teclas
mecanográficas el objeto de la mirada, de la observación
común de poeta y amada, instrumento de la realidad co-
tidiana que puede servir al poeta para sentir más vivamen-
te la presencia de ese interlocutor escondido, no manifes-
tado más que en los pronombres. Es poesía que busca la
pureza expresiva, sin anécdota, sin especiales ni complejos
recursos formales. Sólo el sentimiento de unión que fluye

---

[46] Luis Felipe Vivanco, *op. cit.*, pág. 119. Antonio Blanch, por
su parte, señala que la poesía de Pedro Salinas «no está orientada
directamente a la realidad; es más bien una poesía del conocimiento
de lo real —de la "fábula" y del "signo" de lo real—, o mejor aún,
de la poesía de la conciencia de lo real» *(Op. cit.,* pág. 110).

por entre los versos marca el personalismo de una poesía aparentemente objetiva, sin especial complicación sentimental, abierta en su verso y en su contenido, sin fronteras, sin límites literarios.

En *Fábula y signo* se anuncia de una forma más clara, más contundente, el que será el mundo poético de *La voz a ti debida* y *Razón de amor,* y no sólo por la presencia de temas y motivos coincidentes, sino también por formas y procedimientos estilísticos. Quizá por ello, debemos considerar a *Fábula y signo* un libro de transición, en el que junto a los «encantos mecánicos» descubrimos poemas como «Afán» que nos anuncian ya una retórica muy nueva. En esta bella y ligera composición, Salinas desarrolla una serie de respuestas dialógicas a unos adverbios iniciales. Se trata de un típico poema del estilo más puro de *La voz a ti debida* con desarrollos sobre la base de un punto de partida, un verso en el que el adverbio «no» se repite tres veces: «No, no me basta, no», que luego se desenvolverá en serie de ni... / ni... / ni..., para cerrar de nuevo con «No, no me bastan, no...» Tras la negación, como hemos de ver en *La voz a ti debida,* la cantidad, representada en *más,* reiterada en el poema ante adjetivos y ante otras sugerencias luminosas: Más azul, más afirmar... Y todo un mundo de sólida estética surge en ese afirmar, en el tramo positivo del poema: gozos, colores, triunfos; para enseguida alcanzar la máxima representación adverbial en el último verso: «Tú, ya no más; yo más», típico del estilo, la forma y los contenidos que se habrán de consagrar en *La voz a ti debida.*

En este mismo sentido hay que destacar la presencia de algún poema muy próximo en contenidos, que confirma el modelo de «amada ignota», establecido en los tres primeros libros y del que surgirá la amada real, a partir de *La voz a ti debida.* Tras «la difícil», «la distraída» en *Seguro azar,* surgen en *Fábula y signo* «la resignada», «la sin pruebas», y con este divertido e ingenioso poema se nos ofrece la imagen última de esta amada sugerida, presentida e inventada, esa «diáfana muchacha» con la que «se cierra el ciclo que Salinas ha ido trazando desde su primer libro» [47].

En todo caso, los poemas escogidos por Guillén nos muestran una nítida imagen del poeta en estos tres primeros libros, que podríamos condensar finalmente en esa bella marina en ausencia que, mediado *Fábula y signo,* nos devuelve la imagen del mar recordado, el mar no presente que ilumina una vez más la lírica evocativa y paisajística saliniana. «Mar distante», imagen, estampa, cielo; una especie de «estampa» mironiana que se torna finalmente en panteísmo naturalista de poeta y mar, de poeta que quiere, como en Juan Ramón Jiménez, fundirse con ese mar lejano, distante, pero presente y vivo en tantas páginas salinianas.

POESÍA AMOROSA: DEL ENCUENTRO CON LA AMADA
AL LAMENTO FINAL

En la actualidad, y con las incorporaciones llevadas a cabo en los años setenta del libro *Largo lamento,* tenemos la oportunidad de conocer la historia completa de la experiencia amorosa que provocó la etapa más original y brillante de la poesía de Salinas, la que refleja una mayor hondura y también una más sólida unidad expresiva, la etapa en definitiva que ha producido la que por muchos es considerada la gran aportación de nuestro siglo XX a la tradición de la poesía del amor en la literatura española. «Era fatal que esta poesía culminase en el tema amoroso», escribe Jorge Guillén, como hemos recordado, al iniciar su clarificador comentario sobre los libros que representan la etapa central amorosa de la poesía de Salinas: *La voz a ti debida* (1933), *Razón de amor* (1936) y *Largo lamento* (1938) [48]. Etapa que, por otro lado, constituye la zona más atendida por la crítica

---

[47] Soledad Salinas de Marichal, edición de *Presagios, Seguro azar, Fábula y signo,* págs. 15-16.
[48] Jorge Guillén, prólogo a *Poesías completas,* pág. 8.

de toda la poesía saliniana, lo que no ha de extrañarnos, ya que estamos ante lo mejor del poeta, aquellos versos en los que ha llegado a la mayor originalidad. Ricardo Gullón, en 1956, al referirse al gran tema del «amor», observa que se ve «la voluntad de reflejar en el estilo las vacilaciones e inseguridades del pensamiento y el sentimiento». También hace referencia al tema de la invención de la amada, asegurando que si no la inventa, «por lo menos la transforma, le infunde distinto ser y la convierte en un concepto que, desde entonces, se impondrá a través de un repertorio de signos y cualidades seguramente imperceptibles en su realidad primera» [49].

Esta es quizá la cuestión más debatida, la de la amada en relación con la *realidad,* tan importante en Salinas. Llama mucho la atención, entre los críticos, la temprana interpretación de Spitzer, con la que ya nadie está de acuerdo, porque el propio Salinas rechazó observaciones como estas: «Cosa curiosa: hasta la mujer amada es negada por nuestro poeta; no conozco poesía de amor donde la pareja amorosa se reduzca hasta tal punto al yo del poeta, donde la mujer amada sólo vive en función del espíritu del hombre y no sea más que un "fenómeno de conciencia" de este...». Joaquín González Muela ha rechazado este conceptismo interior en la tal poesía de Pedro Salinas recordando la presencia de una amada *real,* no inventada, de *carne y hueso* [50], como tantas veces aseguró Guillén y confirmó en el prólogo último a sus *Poesías completas* [51]. Según González Muela sabemos que existió la mujer real. «Ahora bien, ¿qué iba a hacer el poeta? ¿Transmitirnos el diario íntimo, fiel relato de sus horas felices o de sus horas atormentadas? No. Salinas

---

[49]   Ricardo Gullón, *op. cit.,* pág. 92. C. B. Morris a este propósito ha señalado que «Salinas se calmaba y silenciaba la mujer mientras que entonaba un gozoso himno de amor que ella le había hecho sentir» (*Op. cit.,* pág. 207).

[50]   Joaquín González Muela, edición de *La voz a ti debida* y *Razón de amor,* pág. 39.

[51]   Jorge Guillén, prólogo a *Poesías completas,* pág. 9.

era poeta y escribir *La voz a ti debida* (una fantasmagoría)
era su deber. Una fantasmagoría pero anclada en la mujer
de carne y hueso, en la experiencia vivida, en los besos de
verdad» [52].

Se ha destacado también la gran unión con variaciones
entre los tres libros amorosos, partiendo del primer poema
o «proemio» de *La voz a ti debida,* estudiado por Gilman,
quien ha percibido la unidad de este primer libro en el sub-
título de «poema», que tiene su correspondencia con la uni-
dad temática del amor. No existe intención de que haya una
trama narrativa —como se ha hecho con la poesía de Béc-
quer— ya que la «ambigüedad en cuanto forma —poema o
poemas, un todo o partes— se usa como un elemento esen-
cial del libro [53]. La ascendencia becqueriana de esta poesía
ha sido destacada desde el principio del libro, «aunque el
lector no descubra la influencia y el eco de Bécquer, a tra-
vés de palabras y frases lo prepara para lo que ha de ve-
nir» [54]. Es el medio que tiene Salinas de mostrarnos que su
musa es de verdad, «proporcionar un clima becqueriano que
sirve de puerta de entrada al poema» [55].

El diálogo creador al que se refiere Alma de Zubizarreta
se convierte aquí, en estos libros, en la clave de la poesía
partiendo de los pronombres *tú* y *yo; nosotros* en *Razón de
amor:* «este convivir, reflejado en el diálogo y logrado gra-
cias a él y desde él, culminará en la indisoluble unión de
ambos, en la creación de un nuevo ser, que trasciende la
suma de las dos individualidades, y la existencia de una cria-
tura nueva: *nosotros,* desde el cual aparecen escritos un gran
número de poemas de *Razón de amor.* Y para el poeta esta
unión dialógica será la salvación» [56].

---

[52]   Joaquín González Muela, *op. cit.,* pág. 39.
[53]   Stephen Gilman, «El proemio a *La voz a ti debida*», pág. 120.
[54]   Así opina también Antonio Blanch, que señala que en Salinas
«su poesía amorosa está tejida de momentos sin historia» (*Op. cit.,*
pág. 281).
[55]   Stephen Gilman, *op. cit.,* págs. 126 y 127. *Vid.* también José
Francisco Cirre, *op. cit.,* pág. 65.
[56]   Alma de Zubizarreta, *op. cit.,* pág. 124. José Vila Selma ha

Sin duda alguna, uno de los extremos más interesantes a la hora de analizar estos tres libros salinianos lo constituye la relación entre estos tres volúmenes, que formalizan un conjunto unitario de poesía amorosa. Entre los dos primeros, entre *La voz a ti debida* y *Razón de amor,* hay una relación bien clara, señalada por Gullón, que establece que «*La voz a ti debida* es libro ascendente, vital, esperanzado. *Razón de amor* el contrapunto, más sensual acaso, pero alejándose de la pura invención amorosa» [57]. Se considera al primero como un camino hacia el amor y al segundo como un canto en el amor. *Largo lamento,* escrito en América, vendría a representar el alejamiento y el reencuentro imposible. Su publicación completa, desconocida para algunos de los críticos que venimos citando en el momento en que establecieron sus conclusiones, es, como ya sabemos, reciente, y supone la confirmación de un final infeliz para aquellos amores encendidos de *La voz a ti debida* y *Razón de amor,* aunque con la insistencia en que «nunca puede apagarse un espíritu encendido por el amor» [58].

Implícitamente, con la aparición de este último libro se niega el *romanticismo* que algunos habían visto en Salinas, ya que, como afirmó Stixrude, frente a un posible intento de huir hacia el mundo del mito o de la idea, el poeta insiste en permanecer arraigado a la realidad. «Lo que verdaderamente sobrecoge en *Largo lamento* es la serenidad del poeta frente a la calamidad» [59]. Soledad Salinas ha trazado recientemente el esquema de relación entre los tres

---

destacado en este sentido la importancia de la destinataria de *La voz a ti debida:* «El poeta lo afirma y lo declara: sólo puede amar el otro *tú,* que está yaciendo latente en el tú de las apariencias. Sólo con ese tú detrás de toda realidad, que toda realidad trasciende siendo la verdadera y sola realidad, puede maridar con el poeta en su función de redentor de las realidades sufridoras en este lado del tiempo» *(Pedro Salinas,* pág. 121).

[57]   Ricardo Gullón, *op. cit.,* pág. 95.
[58]   David L. Stixrude, edición citada, pág. 46.
[59]   David L. Stixrude, «El *largo lamento* de Pedro Salinas», páginas 12-13.

libros, y tras reconocer la gran presencia del amor en el primero, en *La voz a ti debida,* con su gran carga de tensión ascensional, pero también con la realidad de la separación de los amantes en esta primera entrega [60], establece para el segundo la situación del poeta sólo con la amada ausente: «En su *Razón de amor* continúa el tema de la separación de los amantes iniciado al final de *La voz a ti debida.* Pero ahora, salvo por breves momentos, el poeta está solo y medita o sueña con la amada ausente. Se diría un diario íntimo y también una poesía de conjuros, dirigida a recordar, pero también recobrar el amor perdido para devolverlo a la realidad presente.» En *Largo lamento* todo será distinto: el amor ya se ha perdido y entonces asistimos «a la desilusión de un hombre enamorado, a su tristeza, soledad, desánimo y casi muerte (poética al menos)», aunque eso no impide, con sorpresa, una realidad: «A lo largo del libro fluye una corriente en sentido contrario: la de la fe en el amor, el mismo que le ha traicionado.» En resumen, y según Soledad Salinas, «el primer libro amoroso de Pedro Salinas se sitúa en un alegre presente. El segundo vive el amor, en gran parte en ausencia de la Amada. Con su tercero, *Largo lamento,* Salinas se sumerge totalmente en el pasado para tratar de revivirlo en sus versos, buscando el retorno» [61].

Es evidente que Salinas, dominador como nadie del binomio «tradición y originalidad», que él mismo acuñó para el título de su magnífico libro sobre Jorge Manrique, sentía sobre sus hombros el peso de la tradición literaria española, tan rica en lo que a la concepción del amor y a su exaltación y glosa se refiere. Sin embargo nos encontramos ante la culminación de una obra y un tema, en nuestro mejor lírico amoroso contemporáneo, cuya virtud sobrepasa los habituales conceptos de la tradición literaria a la hora de crear una

---

[60] Soledad Salinas de Marichal, edición de *La voz a ti debida,* pág. 10.

[61] Soledad Salinas de Marichal, edición de *Razón de amor,* páginas 8, 11 y 23.

casuística amorosa [62]. Para algunos investigadores, sin embargo, como Dehennin [63] y Palley [64], se produce una concepción mística del amor, aunque otros, como Darmangeat [65], han optado por el camino intermedio entre la metafísica y el conocimiento inmediato [66], «ni misticismo ni petrarquismo», por más que Salinas, como buen poeta de su generación, quiso vincular los títulos, como es generalmente sabido, a la tradición y a la historia de nuestra literatura a través, según ya señaló Jorge Guillén, del poeta medieval (*Razón feita de amor)*, del renacentista («pienso mover la voz a ti debida», de la Égloga II de Garcilaso) y del romántico («largo lamento / del ronco viento» de la Rima XV de Gustavo Adolfo Bécquer), evocados en los títulos de los tres volúmenes, de manera que la trilogía se levanta y permanece señera en la mejor literatura española [67].

Justamente, en esta poesía de Pedro Salinas, es la concepción del amor la que manifiesta con mayor claridad la actitud original del poeta. No hay, en toda la poesía española, poemario que con tan unitarios criterios presente una biografía del amor, como fenómeno de la naturaleza humana, tan rica y tan vital como la apreciada por Salinas. No debemos dejarnos engañar por palabras mágicas como misticismo, petrarquismo, romántico, metafísico, etc. Hemos de tender a sentir, sobre todo y por encima de cualquier otra consideración, la presencia de un amor humano, que no por la fuerza de su realidad resta lo más mínimo al valor de esta poesía como virtuosismo de creador, como poder sobrecogedor de un mundo poético concebido como tal, pero vin-

---

[62]   Para advertir la gran renovación del lenguaje poético del amor experimentada por Salinas, *vid.* Vicente Cabrera, *op. cit.*, págs. 75 y sigs.

[63]   Elsa Dehennin, *op. cit.*, pág. 39.

[64]   Julian Palley, *La luz no usada*, pág. 54.

[65]   Pierre Darmangeat, *op. cit.*, pág. 134.

[66]   *Vid.* Joaquín González Muela, edición citada, págs. 15 y sigs.; Alma de Zubizarreta, *op. cit.*, págs. 126 y sigs., y Vicente Cabrera, *op. cit.*, págs. 110 y sigs.

[67]   Jorge Guillén, prólogo a *Poesías completas*, pág. 8.

culado a una biografía del poeta y a una biografía (en su sentido más etimológico de «vida escrita») del amor. Quizá, entre todos sus críticos y lectores, quien mejor ha sabido explicar el rigor intelectual con que Salinas realiza el encuentro poeta-amor-realidad haya sido Julio Cortázar, quien advirtió, a este respecto, que «en Salinas la inteligencia también hace el amor, y su don poético que es, como siempre el de establecer las relaciones más hondas y más vertiginosas posibles aquí abajo entre las formas del ser, para cazar, para poseer ontológicamente la realidad huyente, procede desde y en el amor. Cuando Salinas le habla a una mujer, le está hablando a todo lo que ella le da a ver, a todo lo que nace a partir de ella por el solo hecho de ceder o negarse a su pasión»[68].

El amor en Pedro Salinas, y sobre todo en *La voz a ti debida,* es completamente existencial. La filosofía de ese amor se basa en la propia ausencia del mundo y de las cosas cuando aún no ha llegado a ser. Se descubre esta intención cuando el poeta se plantea la prehistoria de la unión amorosa, y así lo hace al comenzar *La voz a ti debida*[69]. No habla en el poema «¡Qué gran víspera del mundo!» de una historia de amor, sino de la prehistoria de ese amor. El amor se produce, e inicia un mundo. Antes del comienzo nada había, nada existía. Salinas se recrea entonces, forjando una de sus más peculiares y genuinas innovaciones estilísticas y literarias, en los objetos, que acumula —como es habitual en su retórica poética—, para ponderar su cotidianeidad, pero ahora se refiere a ellos en su ausencia, en su inexistencia. Las acumulaciones son características y se producen las contradicciones porque el amor no existe aún. Cuando el amor no ha tenido vida aún, cuando el amor está

---

[68] Julio Cortázar, edición de *Poesía,* pág. 11. Muy interesantes a este respecto son las observaciones de C. B. Morris, *op. cit.,* págs. 201 y sigs., que se separa bastante de la común opinión establecida por la crítica.
[69] Pedro Salinas, *La voz a ti debida,* Los Cuatro Vientos, Signo, Madrid, 1933.

en su prehistoria, «el carbón no era negro, / ni la rosa era
tierna»: «No había nada hecho / Ni materia, ni números, /
ni astros, ni siglos, nada».

Hay en esta definición de la inexistente prehistoria del
amor una tensión adverbial *aún / ya,* que marca el enfren-
tamiento de los tiempos en el poema. El *aún* va matizado
por constantes negociaciones: *no* había *nada* hecho, *ni* ma-
teria, *ni* astros, *ni* siglos, *nada.* El carbón *no* era negro / *ni*
la rosa era tierna. *Nada* era *nada aún / No,* el pasado era
nuestro: *no* tenía *ni* nombre... / Máquinas *sin* destino,
aún. ¿Por qué tanta negación del aún? Porque todavía no
se ha producido el ya, que vendrá al final, en el último
verso, en la última palabra del poema: *Ya:* «y me dijeras:
"Ya"». Y, ¿cuál ha sido la fórmula por medio de la que
aún-no se ha convertido en *ya,* ha llegado a ser *ya?* Senci-
llamente, porque un pronombre esencial ha servido de mo-
dificador de la acción y de los tiempos: ese pronombre no
es otro que *tú,* que se reitera como tal pronombre y en esa
forma, que se multiplica en forma oblicua (en la preferida
ti) y que se reduplica en el adjetivo posesivo *tu:* «porque
harían la luz / si *tú* se lo mandabas / o las noches de otoño /
si las querías *tú.* / Los verbos, indecisos, / *te* miran los ojos
[...] / *tu* mandato / [...] Con mensajes antípodas, / a luceros,
tu orden / iba a darles / El gran mundo vacío, / sin empleo,
delante / de *ti* estaba: su impulso / se lo darías *tú.* / Y junto
a *ti... yo,* esperando / —ay, si no me mirabas— / a que *tú*
me quisieses / y me dijeras «ya».

La fórmula del paso de la prehistoria a la historia se ofre-
ce sencillamente compleja: del *aún,* pronto, muy pronto, se
pasa al *ya,* pero sólo cuando el *tú* lo ordena. Esa era la
víspera que constituía el mundo que todavía no era, no exis-
tía. Era la «víspera del gozo», porque sólo cuando la amada
lo quiere, y hay un *ya,* comienza la historia.

Si la prehistoria del amor está en el *aún-no,* es decir, se
basa en la reiteración angustiosa del tiempo negado, del
tiempo sin existencia, la historia del amor está basada en la
afirmación, en la reiteración brillante y enloquecida del *sí.*
En *La voz a ti debida* se ha ido preparando jubilosamente

el poema en el que culminará la afirmación: «Todo dice que sí.» Precisamente en el poema anterior, «De prisa, la alegría», hemos visto la celeridad y el vértigo con que poeta y amada se lanzan al mundo del amor, del quiero, del deseo. Los adjetivos se disparan (triunfal, total) en busca de los pronombres y todo va de prisa, de prisa velocísima hacia la gran afirmación de la historia del amor: «Todo dice que *sí*. / *Sí* el cielo, lo azul / y *sí* lo azul del mar. / Un *sí* contesta *sí* a otro *sí*».

Pero hay también una matización temporal. El tiempo siempre, en los dos grandes libros de Salinas, mediatiza la expresión poética: en su realidad reside el existencialismo —ahora tan jubiloso— de los libros. Para este poema de afirmación, de colores blancos, de azules celestes y marítimos, hay un *hoy* que se reitera en un frenético *carpe diem* del siglo XX que el poeta no duda ni por un momento en declarar, en manifestar. Hay un presente constante y un instante que aprovechar. Por ello, se afirma, se confirma de hoy que «es el gran día». La historia ha comenzado, «podemos acercarnos hoy a lo que no habla»... «Es la sola palabra que hoy les concede el mundo.» Ya hay en la presentación un «aprovecha el día», un *carpe diem* declarado (Pedro Salinas como Jorge Marique «o tradición y originalidad»): «Ahora, pronto, a pedir, / a aprovechar la máxima / locura momentánea...» La reiteración del hoy produce una seguridad, pero esa seguridad es *momentánea*: «—hoy, nada más que hoy—» «Seguros por un día».

Al lado de este poema de tiempo, otro muy próximo nos hablará de cantidad. Salinas es el poeta de los adverbios, más que, como tantas veces se ha señalado, el poeta de los pronombres. Salinas vive en sus matices adverbiales... afirmación, negación, lugar, tiempo, cantidad... Es el poeta más ambicioso del amor en la literatura española. Su historia del amor es afirmación y con el adverbio de afirmación comienza, justamente, otro poema próximo: «Sí, todo con exceso» es su primer verso y en el poema se consagra la gran verdad de su vital existencia: «¡Sí, todo con exceso: / la luz, la vida, el mar!» Plural todo, plural luces, vidas, ma-

res... En su juego de afirmación, Salinas maneja los concep-
tos gramaticales a los que dota de increíble y envidiable
poeticidad: «Plural, todo plural...» Estamos ante un momen-
to de máxima exaltación y de júbilo («A subir, a ascender /
de docenas a cientos / de cientos a millar, / en una jubilosa
repetición sin fin...») que supera la reiterada presión del
tiempo, aunque este poema de exaltación de la cantidad
(uno de los ejemplos más claros de acumulación en Salinas)
se decidirá en un final entrecomillado en el que los adver-
bios —negación, tiempo, cantidad— se cruzarán, se enfren-
tarán en una lucha victoriosa para el exceso y la cantidad:
«Eso no es nada, aún. / Buscáos bien, hay más.»

La gran verdad de la poesía amorosa de Salinas es su
realidad física hecha contacto de carne y hueso. La gran
verdad de la poesía amorosa de Pedro Salinas es su natu-
ralidad real. Si la amada está, se siente, vive en los poemas,
es porque está su cuerpo, está su belleza, está la realidad
de su figura. Ocurre desde el principio de *La voz a ti de-
bida,* en cuyo segundo verso del poema que abre el libro
descubrimos los *dedos* de la amada («Con la punta de tus
dedos / pulsas el mundo...»), los *ojos* («De tus ojos, sólo de
ellos, / sale la luz que te guía...»). Están los besos, está el
cuerpo («y el tierno cuerpo rosado / que te encuentras en tu
espejo»). Los besos constituyen reiterada insistencia en esta
poesía saliniana. Forman parte de uno de los poemas más
conocidos, «¡Si me llamaras, sí, / si me llamaras!», en el que
configuran un final sensual y patético: «Nunca desde los la-
bios que te beso, / nunca / desde la voz que te dice: "No te
vayas".»

Pero, sobre todo, el beso es protagonista de uno de los
poemas más encendidos de *La voz a ti debida* («Ayer te
besé en los labios. / Te besé en los labios. Densos, / rojos».)
y en su carácter físico radica su autenticidad. Pero el poeta,
ceñido al concepto quevedesco de que «lo fugitivo perma-
nece y dura», sublima la realidad física del beso y lucha por
la eternidad de lo momentáneo: «Hoy estoy besando un
beso; / estoy sólo con mis labios. / Los pongo / no en tu
boca, no, ya no / —¿adónde se me ha escapado?— / Los

pongo / en el beso que te di / ayer, en las bocas juntas / del beso que se besaron.»

El beso aparece también en el mundo alegre e inocente del poema «¡Qué día sin pecado!» mezclado entre las cosas bellas, ingrávidas, flotantes que constituyen el día sin mancha y sin remordimiento, ese día en que no hace falta sino el puro vivir: «Ni volver la cabeza / ni mirar a lo lejos / aquel día supimos / tú y yo. No hacía / falta. Besarnos, sí. / Pero con unos labios / tan lejos de su causa, que lo estrenaban todo, / beso, amor, al besarse, / sin tener que pedir / perdón a nadie, a nada.»

Otro poema de *La voz a ti debida* es importante en la consagración del amor físico saliniano. El poeta, en «¿Qué probable eres tú?», recorre, a través de los sentidos, la imagen de la amada, primero probable, pero pronto, y siempre, real. Si al poeta, los ojos, al mirarle, le dicen que no es real, están las manos, los labios («las manos y los labios, / con los ojos cerrados, / recorren tiernas pruebas:») que van adquiriendo la realidad de la amada, «por escala de tactos, / de bocas, carne y carne», que confirma la voz de la amada, y lucha por afirmar la realidad. Pero es en el beso, en el abrazo, donde esa realidad adquiere vida poética y real. («Al lado un cuerpo besa, abraza, / frenético, buscándose / su realidad aquí...».)

¿Habrá algo más físico, más puramente físico, que el peso del cuerpo? Salinas se recrea en «La materia no pesa», en donde escribe: «Los besos que me das / son siempre redenciones: / tú besas hacia arriba, / librando algo de mí, / que aún estaba sujeto / en los fondos oscuros.» El peso del cuerpo espiritualiza el amor y lo vuelve ingrávido: «No, tu carne no oprime / ni la tierra que pisas / ni mi cuerpo que estrechas.» Todo lo ve el poeta transformado ante «Tu forma / corporal, / tu dulce cuerpo rosa».

La gran revelación del amor en Salinas está justamente en función de su vitalismo. El amor queda íntimamente ligado a la vida, pero no en un sentido cotidiano. Más que de la vida, se trata de vivir. «Qué alegría vivir / sintiéndose vivido.» Pues bien, esa vida es más intensa, ese vivir está transformado porque en él se conjuga la transfiguración del poeta por medio de la invención, de la imaginación de la amada. *Vivir,* como verbo, se convierte en transitivo. Se transforma en su propia esencia y pasa a constituirse en una acción capaz de transmitirse de amada a amado: «Rendirse / a la gran certidumbre, oscuramente, / de que otro ser, fuera de mí, muy lejos, / me está viviendo.»

«Otro ser» hay capaz de transmitir la propia vida. El poeta se siente regenerado a través de ese «otro ser», «por el que miro el mundo / porque me está queriendo con sus ojos». El sentido de comunicación de una vida a otra revela la sensación de traslación, de transitividad, que define esta nueva concepción de la vida y que se basa en *ella,* en la amada. Los pronombres siguen jugando su papel y Salinas lanza la definición de la vida: «La vida —¡qué transporte ya!—, ignorancia / de lo que son mis actos, que *ella* hace, / en que *ella* vive, doble, suya y mía.» Toda la gran realidad de la vida se transforma con una nueva concepción final: «... Morirse / en la alta confianza / de que este vivir mío no era sólo / mi vivir: era el nuestro. Y que me vive / otro ser por detrás de la no muerte.»

A partir de este momento, la vida será constante referencia en *La voz a ti debida* y aparecerá con sus formulaciones diferentes en todos los poemas. En «Despierta. El día te llama» se manifestará la vida completa, conseguida tras despertar. «El día te llama: tu deber. / Y nada más que a vivir.» La amada es la que da la vida. El poeta le concede toda su fuerza como gran hada de la vida y del vivir. Le concede las máximas funciones: capacidad de arrancarle a la noche la sombra. Capacidad de marcar la temperatura. Capacidad de añadir su perfección al día. Toda la tarea de la amada es mejorar el mundo. Tenemos, pues, a la vida, transformada por el amor, que se simboliza en la propia amada, definidora de la existencia: «Tu tarea / es llevar tu vida en alto, / jugar con ella, lanzarla / como una voz a las nubes, / a que recoja las luces / que se nos marcharon ya.»

En otro poema «El sueño es una larga / despedida de ti», hallamos la interrupción de la vida por el sueño, pero no la amada, que, después de vivida, es soñada y, por tanto, supera la propia ley del sueño, que abarca a todos los seres: «Menos tú, tú la única, / viva, sobrevivida, / en el sueño que sueño». El mundo del sueño como muerte para todos los objetos que se ven, pero como vida para el amor y para la amada, representa una concepción más, nueva, en la que amor y vida se unen por encima de todo, a pesar de todo.

Razón de amor [70] se abre con un poema de amanecer, de amanecer después de una intensa noche de amor llena de deseo y conducida en su frenesí hacia un más allá. El día no es cuestión de almanaques o de horizontes, sino de «la forma viva del ansia / de dos almas en amor, / que entre abrazos, a lo largo / de la noche, beso a beso, se buscan su claridad». La presencia del día interrumpe el amor y el poeta se lanza a definirlo en función del final de la noche ahora padecido. Recorre el poeta los tópicos para detenerse en un solo aspecto totalmente nuevo: la valoración del amor en función de la obligatoriedad de separarse. Amor entonces es un retraso, un prolongar. Esta nueva concepción del amor está en su capacidad de entender su sentido, y sólo el amor existe cuando existe la posesión: «Ni en el llegar ni en el hallazgo / tiene el amor su cima: es en la resistencia a separarse / en donde se le siente, / desnudo, altísimo, temblando.» Podemos sentir en este poema la necesidad de Salinas de prolongar su dicha en el tiempo, la precisión otra vez, de eternizar lo momentáneo. Estamos ahora en el centro mismo de la historia amorosa —feliz por ahora— y es necesario prolongarla: el amor debe retrasar un final que ya se entrevé en la separación momentánea.

Se ha dicho que *Razón de amor* es diferente de *La voz a ti debida*, porque en sus poemas ya no se encuentra la gracia virginal que veíamos en los del libro más antiguo. Y se ha advertido que, ante todo, *Razón de amor* no contiene los atrevimientos lingüísticos tan felices del primer libro. Sin embargo, se conserva todo lo demás y, como señala

---

[70] Pedro Salinas, *Razón de amor*, Cruz y Raya, Madrid, 1936.

Stixrude [71], este libro no deja duda de que el amor es incon-
cebible si no está arraigado a la unión física, es decir, re-
suelve la cuestión planteada en *La voz a ti debida...* El
amor se cumple tranquilamente en «las fronteras últimas de
su ser terrenal», donde tienen lugar «las solitarias citas /
de la carne y las alas».

En *Razón de amor,* en efecto, existe un nivel de reflexión
superior al de *La voz a ti debida.* Hay un progreso en la
interiorización y en la meditación intimista del amor. Un
camino hacia adentro se recorre con evidencia de habituali-
dad. El amor deja de ser sorpresa y se convierte en objeto
de análisis. En *Razón de amor* se viven también las primeras
recreaciones del pasado, se reproducen los momentos más
intensos. Un buen ejemplo de este proceso interiorizador lo
encontramos en el poema «¡Cuánto tiempo fuiste dos!», en
el que Salinas nos plantea el momento, situado en el pasa-
do, en el que la duda desdobló a la amada. Es un poema
muy conocido, y su retórica expresiva es, como siempre en
Razón de amor, de una gran riqueza: «Querías y no que-
rías / No eras como tu querer, / ni tu querer como tú. /
¡Qué vaivén entre una y otra!» Pero esta es una reflexión
en el pasado, un suceso que se constituyó en recuerdo y que
ya es historia. Lo que interesa es el presente, el presente
feliz: «Y por fin, junto está todo. / Cara a cara me miraste, /
tu mirada en ti te vio: eras ya la que querías. Y ahora os
beso a las dos / en ti sola.»

En *Razón de amor* frecuentemente son los pensamientos
y las contemplaciones las que predominan frente al mundo
activo de *La voz a ti debida.* En poemas como «Aquí /
en esta orilla blanca / del lecho donde duermes» encontramos a
Salinas contemplando a la amada dormida y al poeta obser-
vándola, observando su sueño, sintiéndola soñar. Ocurre lo
mismo, como ya señaló González Muela [72], que con el poe-
ma de Gerardo Diego, titulado «Insomnio», de *Alondra de*

---

[71]   David L. Stixrude, edición citada, pág. 45.
[72]   Joaquín González Muela, edición citada, pág. 147.

Verdad, en el que el poeta insomne contempla el «desnudo sueño» de la amada [73], como ocurre también en algún soneto del amor oscuro de Federico García Lorca. Pero quizá, donde la concentración y expresión del pensamiento llegan a su máxima formulación es en el poema «Pensar en ti esta noche», en el que Salinas, simplemente, sencillamente, piensa en su amada, actividad que comparte con todas las criaturas: «El gran sueño del campo, las estrellas, / callado el mar, las hierbas invisibles, / sólo presente en perfumes secos, / todo, / de Aldebarán al grillo te pensaba.» El amor, entonces, se medita a sí mismo, y la exteriorización, antes tan vistosa, se convierte ahora en concentración interiorizada: «Y casi / dejé de amarte, por amarte más, / en más que en mí, inmensamente confiando / ese empleo de amar a la gran noche...»

Pero no creamos que tal actitud de la amada y de reflexión de pensamiento va a restar lo más mínimo a la extraordinaria carga de sensorialidad que, ya lo hemos dicho, en *Razón de amor* se confirma con toda claridad: «¡Cómo me dejas que te piense!» combina muy acertadamente ambas actitudes: pensamiento y sensación; recuerdo espiritual y realidad física: «Pensar en ti no lo hago sólo, yo. / Pensar en ti es tenerte, / como el desnudo cuerpo ante los besos, / toda ante mí entregada.» El pasado y la distancia no impiden el recuerdo del amor, promocionado ahora por «el pensamiento»: «Me dices desde allá que hagamos lo que quiero, / unirnos al pensarte. Y entramos por el beso que me abres, / y pensamos en ti, los dos, yo sólo.»

Uno de los aspectos más interesantes del libro lo constituye la visión del amor, convertido en objeto de análisis, tal como hemos avanzado. *Razón de amor* contiene la definición hecha por Salinas, justamente, del mismísimo amor, definición que se realiza ya en el dominio de la pasión y

---

[73] Gerardo Diego, *Alondra de Verdad, Ángeles de Compostela,* edición de Francisco Javier Díez de Revenga, Castalia, Madrid, 1986, pág. 79.

cuando el gozo y el disfrute de la amada le permiten, con la experiencia adquirida, llegar a una conclusión: «Amor es el retraso milagroso / de su término mismo», se dice al principio del libro, donde se insiste paralelamente en que «es prolongar el hecho mágico, / de que uno y uno sean dos en contra, / de la primera condena de la vida.» Logrado el amor, el poeta *razona* con su experiencia y delimita los encantos de esta pasión, rechazando aquello que no se corresponde con la realidad por él vivida en ese momento, en ese presente para el que no quiere un futuro que sea un destino y una meta: amor, por tanto, abierto, transcurriendo, amor no recuerdo, no pasado; amor vivo y vivible: «Ni en el llegar, ni en el hallazgo / tiene el amor su cima: es en la resistencia a separarse / en donde se le siente, / desnudo, altísimo, temblando.»

El tiempo, por tanto, es fundamental en este momento para el poeta. Amor y tiempo, cuando se combinan, sólo tienen el destino de volverse futuro sin fin: «Quererte es convertir los días, / las horas, en peligros, en llamas.» Surge entonces otro concepto del amor, como algo intenso, imparable e indefinible: «Torpemente el amor busca. / Vive en mí como una oscura / fuerza entrañada.» Esa condición interior, sin embargo, no le impide que la realidad de un destino, de un fin, entorpezca su poder creativo y su condición abierta. Por ello, el poeta cuando se vuelve a plantear ese destino del amor, quizá inevitable, se refugia en metáforas de sentimiento que encierran realidades no perdidas de vista, por más que el resultado pueda contener una especial belleza: «El amor / sólo va a su destino / con las alas y los pies / que de su entraña le nazcan / cada día, que jamás / tocaron la tierra, el aire, / y que no se usaron nunca / en más vuelos y jornadas / que los de su oficio virgen.» Amorvida, amor-creación, amor-realidad son definiciones básicas establecidas por el poeta cuando en su definición «buscada» por el propio amor, niega que sea una rosa o una mañana, para mostrárnoslo como un ser capaz de crear: «Y allá se vuelve el amor / a su entraña, / a trabajar sin cesar / con la fe de que de él salga / su mismo salir, la ansiada / forma de vivirse, esa / que no se puede encontrar / sino a fuerza / de esperar desesperado: / a fuerza de tanto amarla.»

Otras veces, el amor se muestra, aunque el poeta así no lo desee, inconstante: «No, nunca está el amor. / Va, viene, quiere estar / donde estaba o estuvo...» Su procedencia ignota aumenta la pasión del poeta por él y ese «no se sabe de qué profundidad / viene el amor», mencionada en el poema, desencadenará una intensa y vivida reflexión que concluirá en la contradicción expresiva: amor cambiante, amor fugaz para los enamorados, pero amor eterno: «A su fugacidad, / con el alma del alma, / la llamamos lo eterno. / Y un momento de él, / de su tiempo infinito, / si nos toca en la frente, / será la vida nuestra.»

La definición del amor alcanza matices múltiples y complejos y llega a producir en el poeta clasificaciones y ordenaciones: clases de amor, entre los que ninguna aparece tan constante y al mismo tiempo tan variada como aquella que el poeta concreta en la imagen del mar, yendo y viniendo a la playa, conformada en el poema «Ahora te quiero». Del mar al sueño, el poeta busca en la profundidad y en la hondura de estos símbolos la seguridad y la eternidad de ese amor, «tan cierto de no morir / como está / el gran amor de los muertos».

Es el momento de la meditación, tras el rapto de locura de *La voz a ti debida,* y el amor se ha convertido, en distintos poemas y en muchos momentos aislados del libro, en objeto de la reflexión y en respuesta a la búsqueda que el poeta inició al comenzar su propia obra poética. Como señaló Jorge Guillén, «el ahínco no mengua, pero el tono permanece en general a un nivel más apacible, tono de meditación sobre un vivir ya edificado» [74]. El amor, ese rostro que sonríe a los amantes («Sólo verán un rostro, / el amor, que les sonríe»), será en todo caso el centro de la meditación en los momentos más apacibles de este segundo libro,

---

[74] Jorge Guillén, prólogo a *Poesías completas,* pág. 17.

y su razón —la razón de amor—, la razón misma de la vida del poeta, de la vida de los amantes.

No acaba la historia con *Razón de amor* ni termina en los poemas que cierran el libro con sus amplios versos, formando, cada uno con su título, los que Jorge Guillén consideró «odas de tono solemne»[75], que cambian el carácter habitual de diario poético atribuible a los dos libros. Son poemas como «Salvación por el cuerpo», «El dolor», «Fin del mundo», «La felicidad inminente», que concluyen en una segunda fase de la historia y cierran, qué duda cabe, el período optimista de estos amores encendidos. No termina la historia con *Razón de amor,* sino con *Largo lamento*[76], donde, como llevamos adelantado, descubrimos la ruptura de aquellos amores y el final de aquellos días felices que se alejan en el tiempo. La amada, la figura irrepetible de la amada, es ahora distinta: «Has vuelto tu mirar hacia otro rostro.» El poeta descubre síntomas de acabamiento, simbolizado en «La muerte del sueño», de ese sueño que, ya lo hemos visto, tantas veces ha sido protagonista, junto a los amantes, en *La voz a ti debida* y en *Razón de amor,* y que finalizará la representación literaria de la experiencia amorosa de Salinas, para cerrar con su presencia, como hemos de ver inmediatamente, *Largo lamento.* Ahora, como decimos, el sueño es el símbolo: «Ya sé el secreto último: / el cadáver de un sueño en carne viva, / de un hombre de pie, que tuvo un sueño, / y alguien se lo mató. Que vive finge.»

«Se abolió el gran dolor, la eterna duda / de saber si es que somos dos o uno», se dice en «Pareja, espectro», un poema extensamente deprimido en el que el poeta va repasando momentos en los que, cada vez más, se advierte la monotonía de un entusiasmo perdido: «Tú me enseñaste la paciencia inmensa / a contar hasta el fin, del dos al tres, /

---

[75]   Jorge Guillén, prólogo a *Poesías completas,* págs. 17-18.
[76]   La primera edición de *Largo lamento* en libro independiente no se realiza hasta 1990, en la colección de *Poesías completas* con prólogo de Soledad Salinas de Marichal, Alianza Editorial, Madrid, 1990, vol. IV.

del tres al cuatro, aquella tarde triste / cuando ya no tenía-
mos qué decirnos y tú / empezando a contar correlativamen-
te, / uno, dos, tres, cuatro, cinco... / descubriste los térmi-
nos / de todo lo numérico, / el vacío del número...»

Sólo la memoria conserva vivo el imposible mantenimien-
to de un amor ya perdido, pero llega un momento en que
ya no se puede recordar más. Y entonces en Salinas surge
el milagro de la permanencia dolorida en los sentidos. Un
poema de *Largo lamento*, «La memoria de las manos», se
constituye en la más sentida de las elegías, porque es la gran
elegía de todo el mundo físico que se enalteció en *La voz a
ti debida* y se confirmó en *Razón de amor*: «Hoy son las
manos la memoria. / El alma no se acuerda. Está dolida /
de tanto recordar. Pero en las manos / queda el recuerdo de
lo que han tenido.» Estamos ante un poema en el que las
«dulces prendas» clásicas borran la pérdida de un amor ya
irreparable, pero esas «dulces prendas» del siglo xx son muy
distintas. Una piedra cualquiera puede reavivar, en contacto
con las manos del poeta, la memoria: «Pero su peso áspe-
ro, / sentir nos hace que por fin cogimos / el fruto más her-
moso de los tiempos.» De manera proustiana, Salinas revive
en las sensaciones el mundo físico del amor: «También re-
cuerdan ellas, mis manos, / haber tenido una cabeza amada
entre sus palmas. / Nada más misterioso en este mundo. /
Los dedos reconocen los cabellos / lentamente, uno a uno,
como hojas / del calendario...» Son recuerdos vinculados a
un tiempo y a unas manos ahora, irremediablemente, va-
cías.

Un tristísimo «Anochecido otoño» se constituye en final
elegíaco de la parte física de *Largo lamento*. El agua resbala
en los cristales de un tren que circula a gran velocidad, rui-
dosamente, y cae suavemente, sin destino. El poeta se pre-
gunta por el sentido de esas gotas que parecen vanas. Pero
«no, no son gotas vanas. / Un ansia de llorar, / unos ojos
ardiendo desde un alma transida, las miran deslizarse. Y se
paran las lágrimas / que en su borde temblaban: / no salen,
no hacen falta / ya tienen otra forma. / Porque allí en el

cristal, / con lágrimas de lluvia, / de Dios, de cielo, está / sin que lo vea nadie / llorando un alma humana.»

Largo lamento es imprescindible. Sin él, Salinas hubiese sido un poeta del amor sumamente parcial, hubiese sido un poeta falso e incompleto, un poeta de felicidad, sin la riqueza expresiva con que hoy le conocemos. Sólo una parte, la jubilosa, la alegre, la enloquecida, la feliz, hubiese constituido la historia de ese amor. Pero hubo más. Y la historia se completó cuando en 1975 vio la luz *Largo lamento* completo y conocimos la biografía total de un amor, lo que en realidad no tiene demasiada importancia. Porque lo más valioso fue que conocimos a nuestro primer poeta amoroso del siglo XX en su totalidad absoluta. Y pudimos leer la mejor versión literaria de una historia de amor que, además, nos confirmó la riqueza de su expresión, el valor de sus recursos, la autenticidad de su retórica, el incontenible tono de su naturalidad y, por último, la verdad de sus palabras, tanto en su creación de la realidad poética como en la espiritualización de sus experiencias vitales hasta el mismo momento de la muerte del amor. Aunque en ese momento final *Largo lamento* abrigue aún, en sus tres últimos versos, una lánguida, soñadora y quimérica esperanza: «Sólo muere / un amor que ha dejado de soñarse / hecho materia y que se busca en tierra.»

«Volverse sombra es dulce para todos / los que han llorado por quererse tanto / al borde de un arroyo o en un coche.» Son palabras del poema central de *Largo lamento,* de un poema en el que el enamorado repasa inculpándose el tiempo del amor y se apoya para ello en símbolos de ruptura con la virtud, con la virtud de la libertad del pájaro en su jaula, con la virtud de la belleza del agua que corre libremente. El poeta aspira a «volverse sombra» para, como en una figuración romántica, estar junto a la amada que sentirá, «en vez del beso, / una aparente soledad y el trémulo / saludo que inclinándose / hacen las sombras por el aire / a aquello que han amado antes de serlo».

La construcción de este poema extenso nos revela, como en otros similares de este libro de Salinas, procedimientos nuevos en su expresión poética, aunque persisten, como en *La voz a ti debida* y en *Razón de amor,* las series de versos enriquecidas en paralelismos y recurrencias simbólicas colindantes. El ambiente ahora es muy diferente. Estamos ante un poema de arrepentimiento, que también podríamos enlazar con cierto romanticismo. El poeta se detesta a sí mismo por el daño que ha hecho —en el amor— y con desprecio rechaza también a toda la humanidad. «Estoy triste esta noche porque soy lo que soy / ... / Estoy tan triste porque soy un hombre, / porque el hombre hace daño, hace daño.» Y tras ello vienen los recuerdos, los recuerdos prendidos a las manos, a los labios, que revelan que el arrepentimiento no es tal, que el poeta sigue enamorado de su ya imposible amor. La solución: volverse sombra, fantasmagoría irreal, único procedimiento posible de aproximación a la amada.

Recuperamos en *Largo lamento* al Salinas de los objetos, que pueblan su lírica amorosa. Hay algún poema particularmente interesante y que sigue la tradición ya establecida por el poeta en toda su obra desde sus primeros libros. Es valioso en este aspecto «Error sensible fue», entre otros muchos, en el que vemos en diálogo con el poeta a objetos tan diversos como un ruiseñor, una semilla, un viejo espejo... (recuerdos de infancia, de un pasado feliz), globos de niños, frutas, melocotones. Objetos todos que conviven con el poeta y que no hacen finalmente sino mostrarle una vez más la tristeza de su situación. Ni la luz, tan próxima siempre a Salinas; ni las sombras en la hermosa cabeza de una mujer, ni las gotas de lluvia rozando las palmas de las manos, todos los elementos vivos de la naturaleza llenos de fuerza vital, son capaces, como ocurría a Garcilaso de la Vega, de quitar el dolorido sentir del poeta. Sólo la soledad, aceptada con la serenidad del poeta toledano, será la única que le permita soportar su indefinible tristeza.

Se ha destacado en *Largo lamento* la gran concreción de los sentimientos frente a la falta de datos precisos de *La voz a ti debida* y *Razón de amor.* Así lo ha hecho Soledad

Salinas [77], quien ha destacado en varios poemas la presencia
de lugares precisos de la América del Norte en donde vive
ahora el poeta, y más en concreto de la ciudad de Nueva
York, que nos aparece como escenario en el que el amor se
ha desarrollado. En varios poemas del libro aparece y, entre
los seleccionados, en «El aire ya es apenas respirable», com-
posición muy interesante por otro lado para comprender el
mundo saliniano en este momento. La estructuración del
poema revela con claridad la dependencia para el poeta de
sus sentimientos de un ordenado fluir de su desencanto,
ante la ausencia de la amada y ante la falta de unas res-
puestas a unas preguntas que el poeta está haciendo. El aire
no es respirable porque no están las «contestaciones», lo
único que el poeta puede respirar. Pero contestaciones ¿a
qué preguntas? A preguntas del pasado no contestadas que
se viven en el presente. A la manera de Proust, tan próximo
siempre el novelista francés al arte de Salinas, se plantea la
recuperación imposible de un tiempo que se vive en los de-
talles cotidianos (primera pregunta), de un ambiente otoñal
propicicio para la triste reflexión (segunda pregunta), de una
ciudad concreta con unos rascacielos (Nueva York), que se
evocan tristemente (tercera pregunta). La indiferencia de la
amada, el sueño, las bellas y bien instrumentadas metáforas,
crean el ambiente propicio para ese aire que se hace irres-
pirable ante la queja resignada del amado solo. El final del
poema nos muestra a la amada indiferente en su sueño, re-
cuerdo sin duda de un momento feliz evocado por el poeta.
Y tal hecho revela el interés de Salinas, una vez más en su
poesía y ahora con una gran intensidad, por el mundo de
los sueños, que en *Largo lamento* tiene interesante represen-

---

[77]   Soledad Salinas de Marichal, edición de *Largo lamento,* pági-
nas 8, 12 y 13. «Un nuevo paisaje, un paisaje de la urbe americana,
aparece en este libro por primera vez en la poesía de Salinas. Es el
de Nueva York y sus rascacielos de noche. En breves estampas que
rememoran encuentros con su Amada en esta ciudad, vemos apa-
recer sus luces, sus rascacielos, tan queridos, que él transforma,
vivificándolos» (pág. 12).

tación, especialmente en el poema seleccionado, que en la edición de la obra figura en último lugar. Un final sin duda no caprichoso: «No rechaces los sueños por ser sueños.»

Y es que estamos ante un poema clave para entender la gran filosofía saliniana de su enfrentamiento, contacto o encuentro con la realidad: «La realidad es un sueño», se dice en el poema, y se demuestra con pruebas poéticamente fehacientes, extraídas de la retórica más pura del poeta, esos objetos, esos elementos de la naturaleza que son habitantes habituales de su poesía: la piedra, el agua, el sol, los cielos, el amor. Como un filósofo de la existencia, como un metafísico experimentado, Salinas da al sueño una función creadora de lo inexistente, custodiadora de lo imaginado. Por eso resulta muy amarga la conclusión de este poema y de todo el libro, que refleja la honda tristeza del poeta y la serenidad y hondura con que da forma poética, por medio de la palabra —como en el poema «Todo más claro»—, a su desengaño y a su lamento largo y hondo: «Sólo muere / un amor que ha dejado de soñarse / hecho materia y que se busca en tierra.» Al final un rayo de esperanza puede ser descubierto en esta interpretación del poder creador de sueño como vivificador del amor. Por lo menos así lo ha visto Soledad Salinas, que también ha señalado como conclusión a este libro tan valioso la fe del poeta, a pesar de todo, en el amor: «Hemos asistido en *Largo lamento* a la desilusión de un hombre enamorado, a su tristeza, soledad, desánimo y casi muerte (poética al menos), y hemos visto con sorpresa que, a lo largo del libro, fluye una corriente en sentido contrario: la fe en el amor, el mismo que le ha traicionado» [78].

HACIA EL FINAL DE LA AVENTURA

La década de los cuarenta supuso la madurez en la obra poética de Salinas. En esta etapa, última de su poesía, de-

---

[78] Soledad Salinas de Marichal, edición de *Largo lamento,* página 23.

sarrolló una amplia actividad poética, caracterizada por la variedad, que va desde un original y personal misticismo contemplativo en *El Contemplado* hasta la realidad comprometida con la sociedad en la que el poeta vive de *Todo más claro* y *Confianza,* libro reunido póstumamente. Es también la etapa de su producción en la que el poeta se abre a otros géneros literarios, narrativa, teatro, nuevamente ensayo... Aun así, es visible la gran unidad de su obra, que persigue unos mismos fines y utiliza comunes cauces de expresión, como ha precisado Torres Nebrera: «Salinas cultiva en su última etapa todos los géneros literarios en un deseo de objetivar sucesivamente su propia cosmovisión: el intimismo de sus libros de poemas, trasvasados a la anécdota narrativa o la trama (escasa) de unas figuras dialogantes sobre un escenario. Pero con una constante al fin: la de ese mismo diálogo» [79].

Aun así, en Salinas y en su poesía entrarán temas nuevos que cada día son más valorados por la crítica. El poeta se rebela contra el mundo en el que le toca vivir y, desesperanzado, denuncia su crueldad y su deshumanización, aspecto que, como ha señalado Enric Bou, se percibe también en las reflexiones sobre la poesía y sobre su poesía que publica o escribe en estos años, como el prefacio a *Todo más claro y otros poemas.* Como resume Bou, «el poeta se obsesiona a partir de la década de los treinta con los cambios tan notables que vivió, él individualmente y su mundo colectivo, aterrorizado por una guerra civil que había de ser seguida por otra mundial, mudado de continente, al otro lado del océano. Ante la barbarie bélica, o tan sólo vital; ante los cambios sustanciales de las formas de vida, su testimonio es muy valioso, puesto que fue uno de los primeros escritores peninsulares en experimentar de cerca, o de vivir en su propia carne, una serie de transformaciones que treinta años más tarde habrían de generalizarse en su país de origen» [80].

---

[79] Gregorio Torres Nebrera, *El grupo poético de 1927,* páginas 50-51.
[80] Enric Bou, «Salinas al otro lado del océano», págs. 42-43.

La primera obra publicada por el poeta tras su salida de España y tras la guerra civil fue *El Contemplado* [81], libro sin duda muy terminado para su autor, que prefirió ofrecerlo a la editorial antes que otros que tenía ya en marcha o finalizados. En esta obra, sin duda, había procurado crear una poesía, dentro de su producción y de su estilo, nueva. De este modo el libro sorprendió por sus temas y formas, tan diferentes de lo que Salinas había hecho hasta entonces, y enseguida algunos críticos detectaron un cambio de rumbo en las intenciones y la nueva estética de esta poesía. Juan Marichal ya advirtió, sin embargo, que lo que Salinas pretendió fue dar una nueva visión de temas ya antes expresados [82].

Lo que más llama la atención de este nuevo libro es la unidad temática. Se trata de un «tema con variaciones» que tiene como objetivo principal al mar de Puerto Rico, es decir, un nuevo acercamiento del poeta a la realidad, con la creación, para el libro, de dos protagonistas, como destacó Gustavo Correa [83]: el poeta que habla y el mar que escucha y es contemplado. Junto al mar se halla el cielo, con su azul también, y entre los dos, nubes, espuma, azul, celajes, aire, luz, sonidos, arena, playas, islas... Elementos todos muy queridos de Salinas y vivos siempre en su poesía desde aquellas frágiles creaciones de las playas alicantinas de *Seguro azar*. Y junto a ellos, la gran intrusa: la luz.

Cuatro planos ha distinguido Correa en la estructuración de la realidad que el poeta lleva a cabo en esta ocasión y que, en muchos aspectos, podríamos extender a toda su obra:

---

[81]   Pedro Salinas, *El Contemplado (Mar, poema). Tema con variaciones,* Stylo, México, 1946.
[82]   Juan Marichal, «Pedro Salinas y su *Contemplado*», págs. 435-442.
[83]   Gustavo Correa, *«El Contemplado»,* págs. 142-151. *Vid.* también Margot Arce de Vázquez, «Mar, poeta, realidad en *El Contemplado*», págs. 90-97; Horst Baader, «Symbol und Metaphor in Salinas *El Contemplado*», págs. 252-273, y Elsa Dehennin, *op. cit.,* págs. 81-85.

1. Realidad sensible con despliegue de materiales cósmicos.

2. Realidad metafórica que transforma los materiales del primer plano.

3. Realidad interior de la nube (correspondencia entre el mar y la conciencia).

4. Expresión de una tendencia estimativa de las nociones captadas con los sentidos [84].

En *El Contemplado,* nada más comenzar el libro, en la Variación I, Salinas recupera, de su poesía anterior, la magia de los nombres. Lo primero es dar nombre al objeto poético, dar nombre a esta nueva criatura, reflejo de la nueva concurrencia de poeta y realidad. Y ese nombre, con la pericia gramatical transformadora de Salinas, es un participio-adjetivo sustantivado y convertido en nombre propio. Nuevamente Salinas trasciende de las categorías lingüísticas para alcanzar el más brillante hallazgo, el Contemplado: fatal, silencio, claro. El Contemplado, el Constante Contemplado. Antes del nombre, Salinas ha querido prender a nuestra retina, por medio de unos versos de Jorge Guillén, un concepto, una obsesión: la luz. Luz que figura en las dos citas de *Cántico* que abren el libro y que luego serán el hilo conductor del origen del poemario, de sus formas y de sus versos. Nombre redondo: *El Contemplado.*

Y la luz protagonista de la Variación II: «Primavera diaria», luz, eterna magia. Como puede advertirse, la contemplación realizada en la segunda variación es toda ella un juego de luces, desde la aurora, inventada por el poeta

---

[84] Gustavo Correa, *op. cit.,* pág. 151. José Francisco Cirre ha insistido también en la doble combinación de mundo poético y lenguaje: «Lo sorprendente no es la rendición del poeta ante la naturaleza y la sinceridad de su postura, tan bien explicada en la letanía que constituyen las catorce «Variaciones» que lo integran, sino igualmente la transformación del lenguaje que consigue la máxima sencillez y claridad en su afán de transmitirnos el milagro perenne que esa mágica sinfonía —mar, cielo, tierra, árboles, brisa, color y luz— ha construido para nuestro recreo» *(op. cit.,* págs. 115-116).

como «primavera diaria», al mediodía. Y son sólo las luces
las que van construyendo las figuraciones de esta «Varia-
ción». No hay sombras («El mar no cría cosa que dé som-
bra»), sólo luces, «Blancas vislumbres», «estrellas rezaga-
das», y colores: blanco, azul, rosa, oro. Con la luz, y a tra-
vés de las diferentes variaciones, repasamos con Salinas un
estado especial de ánimo que conduce, en su visión del mar
Contemplado y de sus múltiples matices, a la salvación, sal-
vación, naturalmente, por la luz, que se consagra en el con-
texto tan especial establecido en la Variación XIV. Frente a
un mundo de tinieblas, frente a aquellos que sufrieron la
sombra, el poeta se salva en la perfección («y tú realizas en
azul perfecto») por medio de la luz: «Por venir a mirarla,
día a día, / embeleso a embeleso, / tal vez tu eternidad, /
vuelta luz, por los ojos se nos entre. / Y de tanto mirarte,
nos salvemos.»

Una de las notas más llamativas de *El Contemplado,* y
que hay que señalar en último lugar, es la sorprendente
vuelta a la métrica regular de un poeta como Salinas, que
escasas veces se había ceñido a esquemas clásicos —pode-
mos recordar la excepción de sus tres sonetos de *Presa-
gios*—, y que había instituido un modelo original y nuevo de
verso libre en sus series de *La voz a ti debida* y *Razón de
amor,* como señaló Isabel Paraíso [85]. Conviene ahora llamar
la atención sobre su perfecto dominio de un endecasílabo
muy rico y vital, construido sin dificultades en composicio-
nes de endecasílabos blancos o combinados, sabia y armó-
nicamente, con heptasílabos, en series regulares muy bien
compensadas, siguiendo el modelo de la moderna silva libre
acuñada por los modernistas. Con el heptasílabo también
combinará, e igualmente en series regulares, el alejandrino,
verso nuevo en las creaciones salinianas. Sobre todos estos
aspectos se ha ocupado con su habitual acierto Navarro To-
más, que señala que «esta moderada vuelta al orden estró-

---

[85] Isabel Paraíso, *El verso libre hispánico,* Gredos, Madrid,
1985, págs. 234-240.

fico no debió ser promovida solamente por la conveniencia formal de *El Contemplado*. Sin duda el autor abrigaba el deseo de estrechar su relación con una materia cuyos principios esenciales siempre había respetado» [86].

Todo el libro respira, pues, orden, concierto, paz interior y exterior, de manera que nada ensombrece esa contemplación entusiasta del poeta, prendida a la realidad marítima evocada. Aunque se suele señalar una excepción constituida por uno de los poemas más notables de la obra, no seleccionado por Guillén y que, para algunos, constituye la culminación de este poema: la «Variación XII», que lleva el título agustiniano de «Civitas Dei», aunque no es sólo esta ciudad la protagonista, ya que Salinas lo que hace, y sorprendentemente en este contexto, es enfrentar dos ciudades: la ciudad de Dios, verdadera ciudad pura, divina, iluminada, y la ciudad «de los negocios», la ciudad «enemiga», la ciudad técnica y moderna que simbolizará la crueldad de la civilización contemporánea deshumanizada. Lo interesante, desde luego, es que estamos ante un adelanto de lo que luego será el mundo de *Todo más claro y otros poemas,* como han visto los estudiosos de Salinas [87] y que Torres Nebrera resume señalando que este poema está dando paso al libro «más amargo y a la vez más humanizado» [88]. La belleza de las evocaciones marinas del poeta no va a impedir, sin embargo, que haya en ellas una especie de justificación final y que este mundo tan guilleniano, tan de *Cántico,* al final sea, como el del propio primer libro de Guillén, sólo una parte de un todo, que tiene un objetivo común y un fin concreto.

No queda claro, pues, que *El Contemplado* sea una excepción en la última etapa de Salinas, ya que lo que este

---

[86]   Tomás Navarro Tomás, *Los poetas en sus versos,* pág. 341. *Vid.* también Francisco Javier Díez de Revenga, *La métrica de los poetas del 27,* págs. 154-159.

[87]   Alma de Zubizarreta, *op. cit.,* pág. 229; Howard T. Young, «Pedro Salinas y los Estados Unidos o la nada y las máquinas», págs. 153-161, y David L. Strixrude, edición citada, pág. 50.

[88]   Gregorio Torres Nebrera, *op. cit.,* pág. 51.

libro representa es una de las dos maneras que Salinas tiene en este momento de escapar del mundo que le rodea. O bien trascender sobre el mismo —que sería el objetivo de *El Contemplado*— o bien descender al mundo y rebelarse contra él. Pero en *El Contemplado,* como ha señalado también Enric Bou, se adelanta ya lo que va a ser la poesía de *Todo más claro,* a pesar de su construcción impecable. «Por eso, añade Bou, en ese poema unitario sorprende la inflexión provocada en el conjunto por dos de los últimos poemas: «Variación XI. El poeta» y «Variación XII: Civitas Dei». Ambos inauguran los componentes temáticos de *Todo más claro:* la oposición entre una ciudad mental, reconocible en la Naturaleza, y una física y real, la provocada por la Modernidad (no se parece al París de Baudelaire sino al New York de García Lorca); y la reflexión sobre la creación poética, focos temáticos en torno a los que se concentra el segundo registro, el pesimista» [89].

La significación de *Todo más claro y otros poemas* [90] fue expuesta por Salinas en el prólogo tan interesante que precede al libro desde su primera edición. En tales páginas, deja claro que sus poemas pretenden ante todo revelar su angustia ante el mundo del progreso y de la técnica, que, con el tiempo, van a convertir al hombre en la sombra de sí mismo y van a conseguir volverlo «del ser al no ser». Como ocurrió cuando Jorge Guillén comenzó a publicar *Clamor. Maremágnum,* los críticos se pusieron en guardia observando un posible cambio de actitud en la poesía de Salinas que habría de ser perjudicial al suponer un abandono de su expresión más genuina. Pero lo cierto es que si bien hay una entrada más *clara* de la realidad en esta poesía, no se trata de una poesía realista, sino angustiada o preocupada por el mundo. Y una buena prueba de ello la constituyen los maestros que Salinas evoca en este momento

---

[89]   Enric Bou, *op. cit.,* pág. 45.
[90]   Pedro Salinas, *Todo más claro y otros poemas,* Losada, Buenos Aires, 1949.

como suyos: Unamuno y Antonio Machado que, junto a
una cita de Quevedo, nos dan idea de por dónde se sitúan
los intereses del poeta en este momento. Como aseguró De-
bicki, no hay «un tránsito de la "poesía social", sino una
defensa de los valores perennes del arte en contra de lo
cotidiano» [91].

Jorge Guillén y un verso en que la luz es otra vez salva-
ción («Hacia una luz mis penas se consumen») abre el poe-
ma que dará título, en parte, al libro: «Todo más claro»,
compuesto de cuatro partes o estancias, todas muy salinia-
nas: «Las cosas», «En ansias inflamada», «Verbo» y «El
poema». A lo largo de la composición, y a través de las
cuatro partes, se plantea el poeta el nacimiento del poema,
el acceso al poema, tras el cual todo estará más claro. Cla-
ro, sencillo, fácil, son los adjetivos que inician la búsqueda
de ese poema, y para hacerlo están «las cosas»: pájaro, ta-
llo, piedra, flor. Esas *cosas* que han poblado siempre la poe-
sía de Salinas y que ahora, en esta primera estancia, están
pendientes del encuentro con el poeta, con el poema: «todo
al alcance». El medio para lograr el fin aparecerá en la se-
gunda estancia, «En ansias inflamada»: la luz. En su bús-
queda de la luz, en el poema comparecen las interrogaciones
cuándo, quién: el poeta, nosotros. Y en posición muy sali-
niana aparece el azar como única respuesta a una serie de
interrogaciones.

El resultado comienza a verse *claro* a partir de la tercera
estancia: las palabras. Salinas lleva a cabo entonces su elo-
gio histórico de la palabra, y en especial de la palabra es-
pañola recordada en el prestigio de nuestra historia y de
nuestra historia literaria. Comparecen entonces bellas suge-
rencias: el descubrimiento de América, Garcilaso, Cervan-
tes, y palabras «que nunca se gastan»: «hijo», «rosa»,
«mar», «estrella». Palabra clara, palabra poética envidiada
en San Juan de la Cruz, capaz de crear finalmente ese «poe-
ma» con el que se cierra esta búsqueda: «¡Qué naturales

---

[91]   Andrew P. Debicki, *op. cit.*, pág. 110.

parecen, / qué sencillo el gran milagro! / En esta luz del poema, / todo, / desde el más nocturno beso / al cenital esplendor, / todo está mucho más claro.» Como se indica antes de comenzar la composición, «Eche por donde eche, vía de San Francisco o vía de Baudelaire, *Fioretti* o *Fleurs du mal,* todo poema digno acaba en iluminaciones.» Con lo que Salinas reincorpora de su poética publicada en la antología de Gerardo Diego en 1932 [92] un término y un deseo. La aventura hacia lo absoluto que para él será el poema, finaliza en «iluminaciones», indeterminada realidad sólo comprendida a través de la luz que la crea y la hace posible, término aprendido quizá en Rimbaud, pero tan distintamente interpretado en la «realidad poética» saliniana.

«Nocturno de los avisos» es otro de los poemas más conocidos de Salinas en esta etapa. Se trata de una presentación de la calle como mundo ilusorio, que en cierto modo nos recuerda a los fuegos de artificio en la noche de agosto de uno de los sonetos de *Presagios.* También se establece esta calle como símbolo de la vida moderna, ante la que, como hizo Federico García Lorca en el mismo paisaje urbano, reacciona poéticamente. Manuel Durán estableció las diferencias entre ambos poetas al ser uno hombre de ciudad y otro de campo y naturaleza abierta. Ante la realidad de una plaza-calle de Nueva York, muy conocida y concurrida, Time Square en Broadway, Salinas vuelve a plantear una nueva confluencia del poeta con la realidad y reacciona ante el mundo moderno por su deshumanización y también por el poder de destrucción que posee. El mundo moderno es rechazado, pero al ser proyectado al más allá, hacia la eternidad como prueba quizá de lo difícil y arriesgada que resulta la poetización de las circunstancias presentes, se intro-

---

[92]   Pedro Salinas, «Poética». En Gerardo Diego, *Antología,* página 303: «Cuando una poesía está escrita se termina, pero nunca se acaba; empieza, busca en sí misma, en el autor, en el lector, en el silencio. Muchas veces una poesía se revela a sí misma, se descubre de pronto dentro de sí una intención no sospechada. Iluminación, todo iluminaciones.»

ducen en el más allá unos fragmentos del presente caótico y comercial. Triunfo de la poesía, fracaso de la realidad cotidiana en que al poeta le tocó vivir sus últimos años [93].

El poema está construido con una retórica impecable y muy rica en los contrastes establecidos para destacar lo vano del mundo moderno entre la realidad actual y la poesía eterna y perenne. Los mitos del poema luchan entre sí en desigual batalla y así, por un lado, están los nuevos dioses de la publicidad, desde el Lucky Strike («golpe de suerte») —evocado en muy quevedesca imagen como «humo o nada»— al White Horse o la Coca-Cola, cuya pausa no fue la misma que la de Paolo y Francesca que Dante evoca en su *Divina Comedia*. Y, por el otro, Ariadna, Afrodita y las constelaciones Orión, Cefeo, Arturo y Casiopea.

El poema «Cero» va precedido de textos de Machado y de Quevedo, maestros en este momento y siempre de Salinas, en los que se alude al *cero* y a la *nada*. Con estos dos recuerdos ingresamos en el ambiente adecuado para enfrentarnos —una vez más— con la realidad del aniquilamiento y la inmolación causados por la bomba. No se refiere Salinas —él mismo lo aclaró— a la bomba atómica de 1947, ya que es un poema de 1944, sino a una realidad de nuestro mundo que sobrepasa el dato histórico o la anécdota concreta, para centrarse en una poesía angustiada. Como ha señalado Emilia de Zuleta, el tiempo, que será el protagonista de *Todo más claro,* se presenta en este poema asociado a la suprema experiencia temporal: la muerte [94].

La postura de Salinas en este poema ante el mundo moderno, capaz de concebir inventos que pueden provocar la propia destrucción, al servicio de una razón instrumental, ha sido explicada por Marichal, que recuerda la frase goyesca: «el sueño de la razón produce monstruos»: «el desenfreno

---

[93] Manuel Durán, «Pedro Salinas y su "Nocturno de los avisos"», pág. 167. También Howard T. Young, *op. cit.*, págs. 153-161.

[94] Emilia de Zuleta, *op. cit.,* pág. 100. También Emir Rodríguez Monegal, «La obra en prosa de Pedro Salinas», pág. 246.

racionalista (de la "razón instrumental"), acompañado de la codicia sin límites de las sociedades modernas, habían cegado al hombre y le llevaban velozmente a su propia autoinmolación»[95].

El último libro de Salinas fue *Confianza*[96], cuyos poemas, como señaló Stixrude, continúan la fuerte veta guillenesca iniciada en *El Contemplado*. El mundo nos envuelve en la red de su presente continuo que «activa todo... todo en calma», se dedica a reafirmar su armonía en cada momento para los ojos que observan[97].

De este libro, el poema que más ha llamado la atención de los lectores es el que cierra la obra en la edición definitiva, y que en la antología dispuesta por Guillén abría la serie a la que daba título: «Confianza». Raimundo Lida realizó un estudio de la composición en el que dio a conocer, a través de diferentes versiones, el complejo proceso de elaboración del poema, en el que se percibe la asimilación de una historia literaria preferida siempre por Salinas —Garcilaso, Góngora, Bécquer, Rubén— y se formaliza una especie de síntesis de toda su obra poética, de lo que a lo largo de su obra han sido sus inquietudes más notables. «Si toda la obra lírica de Salinas es un gran canto de amor con gracias y suavidades de conversación, con intermedios de angustia, estos versos pueden, a despecho de la cronología, servirle de remansado epílogo y testamento. Son una última profesión de fe, de *confianza:* un último sí»[98].

Justamente, con estas palabras de afirmación, llegamos al final de esa «aventura hacia lo absoluto» que el poeta pretendió en su poesía, para alcanzar al lector y hacerlo partícipe de la belleza de riesgo, de probabilidad, de jugada, que

---

[95]   Juan Marichal, *op. cit.,* pág. 147.
[96]   Pedro Salinas, *Confianza,* Aguilar, Madrid, 1955.
[97]   David L. Stixrude, edición citada, pág. 52.
[98]   Raimundo Lida, «Camino del poema: "Confianza" de Pedro Salinas», págs. 169-193.

toda poesía lleva dentro [99]. Hemos logrado seguir la biografía del poeta a través de unos poemas que Jorge Guillén escogió para presentarlos hace ya muchos años a los lectores y ofrecer ese gran poeta auténtico que fue Pedro Salinas. La aventura continúa, la poesía de Salinas permanece con su fuerza y su verdad, porque se concibió como una poesía que no termina en el poeta, sino que vuelve a vivir en el lector.

Francisco Javier Díez de Revenga

Bérgamo-Murcia, mayo 1991.

---

[99]   Pedro Salinas, «Poética». En Gerardo Diego, *Antología,* página 303: «La poesía es una aventura hacia lo absoluto. Se llega más o menos cerca, se recorre más o menos camino; eso es todo. Hay que dejar que corra la aventura, con toda esa belleza de riesgo, de probabilidad, de jugada.»

BIBLIOGRAFÍA SELECTA

ALLEN, RUPERT: *Symbolic Experience. A Study of Poems by Pedro Salinas,* University of Alabama Press, 1982.

ALMELA PÉREZ, RAMÓN: *Hacia un análisis lingüístico-cuantitativo de la poesía de Pedro Salinas,* Universidad, Murcia, 1982.

ALONSO, DÁMASO: *Poetas españoles contemporáneos,* 3.ª edición, Gredos, Madrid, 1969.

ARCE DE VÁZQUEZ, MARGOT: «Mar, poeta, realidad en *El Contemplado* de Pedro Salinas», *Asomante,* III, 2, páginas 90-97.

BAADER, HORST: *Pedro Salinas. Studien zu seinem dichterischen un kritischen Werk,* Kölner Romanitische Arbeiten, Colonia, 1955.

BAEZA BETANCORT, FRANCISCO: *La amada más distante. Ensayo sobre «La voz a ti debida» de Pedro Salinas,* El Museo Canario, Las Palmas, 1976.

BERBENI, GABRIELE: *La poesia di Pedro Salinas,* Rebellato, Padua, 1967.

BLANCH, ANTONIO: *La poesía pura española. Conexiones con la cultura francesa,* Gredos, Madrid, 1976.

BOU, ENRIC: «Salinas, al otro lado del océano», *FGL. Boletín de la Fundación Federico García Lorca,* 3, 1988, págs. 29-33.

CABRERA, VICENTE: *Tres poetas españoles a la luz de la metáfora: Salinas, Aleixandre y Guillén,* Gredos, Madrid, 1975.

CERNUDA, LUIS: *Estudios sobre poesía española contemporánea*, Guadarrama, Madrid, 1957.

CIPLIJAUSKAITÉ, BIRUTÉ: «Salinas, "El Atento"», *FGL. Boletín de la Fundación Federico García Lorca*, 3, 1988, págs. 38-45.

CIERRE, JOSÉ FRANCISCO: *El mundo lírico de Pedro Salinas*, Don Quijote, Granada, 1982.

CORREA, GUSTAVO: *«El Contemplado»*, en Debicki, 1976, págs. 143-151.

CORTÁZAR, JULIO: Edición de *Poesía* de Pedro Salinas, Alianza, Madrid, 9.ª edición, 1990.

COSTA VIVA, OLGA: *Pedro Salinas frente a la realidad*, Alfaguara, Madrid, 1969.

CRISPIN, JOHN: *Pedro Salinas*, Twayne, Nueva York, 1974.

DARMANGEAT, PIERRE: *Antonio Machado, Pedro Salinas, Jorge Guillén*, Ínsula, Madrid, 1969.

DEBICKI, ANDREW P.: *Estudios sobre poesía española contemporánea. La generación de 1924-1925*, Gredos, Madrid, 1968.

DEBICKI, ANDREW P. (ed.): *Pedro Salinas*, El Escritor y la Crítica, Taurus, Madrid, 1976 (Citado, Debicki, 1976).

DEHENNIN, ELSA: *Passion de l'absolu et tension expressive dans l'oeuvre poétique de Pedro Salinas*, Romanica Gandensia, Gante, 1957.

DÍEZ DE REVENGA, FRANCISCO JAVIER: *La métrica de los poetas del 27*, Universidad, Murcia, 1973.

DÍEZ DE REVENGA, FRANCISCO JAVIER: *Panorama crítico de la generación del 27*, Castalia, Madrid, 1987.

DÍEZ DE REVENGA, FRANCISCO JAVIER: *Tres poetas ante el amor, el mundo y la muerte (Salinas, Guillén, Lorca)*, Prensa Universitaria, Palma de Mallorca, 1989.

DURÁN, MANUEL: «Pedro Salinas y su "Nocturno de los avisos"», Debicki, 1976, págs. 163-167.

FEAL DEIBE, CARLOS: *La poesía de Pedro Salinas*, Gredos, Madrid, 2.ª edición, 1971.

GARCÍA TEJERA, M.ª CARMEN: *La teoría literaria de Pedro Salinas*, Seminario de Teoría de la Literatura, Cádiz, 1988.

GILMAN, STEPHEN: «El proemio a *La voz a ti debida*», Debicki, 1976, págs. 119-127.

GONZÁLEZ MUELA, JOAQUÍN: «Poesía y amistad: Jorge Guillén y Pedro Salinas», Debicki, 1976, págs. 197-203.

GONZÁLEZ MUELA, JOAQUÍN: Edición de *La voz a ti debida. Razón de amor,* de Pedro Salinas, Castalia, Madrid, 1969.

GUILLÉN, JORGE: Prólogo a *Poesías Completas* de Pedro Salinas, Barral, Barcelona, 1971, 2.ª edición, 1975.

GULLÓN, RICARDO: «La poesía de Pedro Salinas», Debicki, 1976, págs. 85-98.

HARVARD, ROBERT G.: «The Reality of Words in the Poetry of Pedro Salinas», *Bulletin of Hispanic Studies,* 51, 1974, págs. 28-47.

HARVARD, ROBERT G.: «Pedro Salinas and Courtly Love. The «amada» in *La voz a ti debida:* Woman, Muse and Symbol», *Bulletin of Hispanic Studies,* 56, págs. 189-201.

HELMAN, EDITH: «A Way of Seeing: "Nube en la mano" by Pedro Salinas», *Hispanic Review,* 45, 1977, págs. 359-384.

LIDA, RAIMUNDO: «Camino del poema: *Confianza* de Pedro Salinas», Debicki, 1976, págs. 169-195.

MARICHAL, JUAN: «Pedro Salinas y su *Contemplado*», *Studia Philologica. Homenaje a Dámaso Alonso,* Madrid, Gredos, 1961, págs. 435-442.

MARICHAL, JUAN: *Tres voces de Pedro Salinas,* Taller de Ediciones, Barcelona, 1976.

MORELLO FROSH, MARTHA: «Salinas y Guillén: dos formas de esencialidad», *Revista Hispánica Moderna,* XXVII, 1961, págs. 16-22.

MORELLO FROSCH, MARTHA: «El tema de la luz en la poesía de Pedro Salinas», *Hispania,* XLIV, 1961, págs. 652-655.

MORRIS, C. B.: *Una generación de poetas españoles (1920-1936),* Gredos, Madrid, 1988.

MUÑOZ CORTÉS, MANUEL: «Estructura de los motivos y estructura del léxico en un poema de Pedro Salinas», *Anales de la Universidad de Murcia,* 34, 1969, págs. 243-273.

NAVARRO TOMÁS, TOMÁS: *Los poetas en sus versos. Desde Jorge Manrique a García Lorca,* Ariel, Barcelona, 2.ª edición, 1982.

NEWMAN, JEAN CROSS: *Pedro Salinas and his Circunstance,* Inter American University, San Juan, 1983.

PALLEY, JULIAN: *«Presagios* de Pedro Salinas»*, Debicki, 1976, págs. 99-107.

PALLEY, JULIAN: *La luz no usada: la poesía de Pedro Salinas,* Ed. de Andrea, México, 1966.

PARAÍSO, ISABEL: *El verso libre hispánico,* Gredos, Madrid, 1985.

RAMÍREZ DE ARELLANO, D.: *Caminos de la creación poética de Pedro Salinas,* Aristarco, Madrid, 1956.

RÍO, ÁNGEL DEL: «El poeta Pedro Salinas. Vida y obra», Debicki, 1976, págs. 15-23.

RODRÍGUEZ MONEGAL, EMIR: «La obra en prosa de Pedro Salinas», Debicki, 1976, págs. 229-248.

SALINAS DE MARICHAL, SOLEDAD: «Recuerdo de mi padre» en Debicki, 1976, págs. 35-42.

SALINAS DE MARICHAL, SOLEDAD: Edición de *Poesías completas,* Alianza, Madrid, 1989-1990.

SANTOS, NELLY E.: *«El Contemplado* de Pedro Salinas»*, Cuadernos Hispanoamericanos,* 373, 1981, págs. 27-59.

SCOLES, EMMA: «Complicazioni dei procedimenti correlativi nella poesia di Pedro Salinas», *Teoría e Critica,* 2-3, 1979.

SCOLES, EMMA: «Genesi e unità di composizione de *La voz a ti debida»*, *Studi Ispanici,* 1978, págs. 103-110.

SESÉ, BERNARD: «Le souvenir et l'oubli dans *La voz a ti debida* de Pedro Salinas», *Homenaje a Mathilde Pomès. Estudios sobre Literatura del siglo XX. Revista de la Universidad Complutense,* XXVI, 108, 1977, págs. 303-314.

SESÉ, BERNARD: «Quête et réalité de l'aimée dans *La voz a ti debida»*, *Hommage des hispanistes françaises à Noel Salomon,* Laia, Barcelona, 1979, págs. 773-782.

SPITZER, LEO: «El conceptismo interior de Pedro Salinas», *Revista Hispánica Moderna,* VII, 1941, págs. 33-69.

STIXRUDE, DAVID L.: «El "Largo lamento" de Pedro Salinas», *Papeles de Son Armadans,* 232, 1975, págs. 9-36.

STIXRUDE, DAVID L.: *The Early Poetry of Pedro Salinas*, Castalia, Princeton-Madrid, 1975.

STIXRUDE, DAVID L.: Edición de *Aventura poética* de Pedro Salinas, Cátedra, Madrid, 1980.

TORRES NEBRERA, GREGORIO: *El grupo poético de 1927*, Cincel, Madrid, 1980.

VILA SELMA, JOSÉ: *Pedro Salinas*, EPESA, Madrid, 1972.

VIVANCO, LUIS FELIPE: *Introducción a la poesía española contemporánea*, Guadarrama, Madrid, 2.ª edición, 1971, págs. 109-143.

YOUNG, HOWARD T.: «Pedro Salinas y los Estados Unidos o la nada y las máquinas», Debicki, 1976, págs. 153-161.

ZARDOYA, CONCHA: *Poesía española del siglo XX. Estudios temáticos y estilísticos*, Gredos, Madrid, 1974.

ZUBIZARRETA, ALMA DE: *Pedro Salinas. El diálogo creador*, Gredos, Madrid, 1969.

ZULETA, EMILIA DE: *Cinco poetas españoles (Salinas, Guillén, Lorca, Alberti, Cernuda)*, Gredos, Madrid, 1971.

ESTA EDICIÓN

Tal como hemos indicado en la «Introducción», seguimos para la presente edición rigurosamente la de POEMAS ESCOGIDOS (*P.E.*) de Jorge Guillén, que hemos mantenido en su totalidad con el prólogo y las escasas anotaciones al libro *Confianza*. Dentro de esta obra, hemos respetado los títulos y la ordenación con que aparecieron, aunque ni unos ni otra respondan a los de *Poesías completas*. Las notas de Guillén son suficientemente explícitas.

Hemos comprobado los textos con la edición de *Poesías completas* (*P.C.*) de 1975 y, al no existir variaciones sustanciales, mantenemos la lectura que ofreció la Colección Austral, según la edición de 1977, aunque señalamos las variantes.

La novedad textual de esta edición la constituyen los diecisiete poemas de *Largo lamento*, que hemos transcrito de la edición citada de *Poesías completas,* respetando los títulos entre paréntesis cuadrados con que algunos de los poemas allí figuran.

POEMAS ESCOGIDOS

Y el poema, nacido en el apartamiento, revertirá luego a todos, irá hacia ellos convirtiéndose en fuerza unitiva entre los hombres que los revele simpatías, coincidencias, en suma, su comunidad en ser humanos.

PEDRO SALINAS, *El defensor*.

PRÓLOGO

En la obra de Pedro Salinas todo se somete a un primer valor: el alma. El poeta afronta un mundo tembloroso, incompleto; llamándonos está «a ti, a mí, a cualquiera / que ponga lo que le falta, / que le dé la perfección». Perfección quiere decir espiritualización. «Por un mundo sospechado, / concreto y virgen detrás, / por lo que no puedo ver / llevo los ojos abiertos.» Se desea lo real, pero convertido en espíritu dentro de quien lo humaniza y poetiza. El poeta pregunta: «¿Acompañan las almas, se las siente?» La poesía de Salinas es eso: un mundo profundamente acompañado por un alma. Así se expresará el dominio espiritual del hombre gracias a una honda y constante humanización. La moverá un impulso: el de revelar o crear ese sentido en movimiento de «presagio». (Es el título del primer volumen: *Presagios*.) Esa humanización se conseguirá —sirvámonos del título del tercer volumen— yendo de la fábula al signo. Fábula: metamorfosis de los seres en alma o proclamación de su alma. Desenlace: los seres significan, son signo de una trascendencia. Todo resalta bajo la claridad. *Todo más claro*. (El último título.) No sería posible esa visión sin una fe. «Fe mía» se rotula un poema de *Seguro azar*. ¿Qué rosa inspira confianza al poeta, según su fe? Ni la rosa natural ni la artificial: las dos son reales. ¿«L'absence de tout bouquet», como Mallarmé soñaba? No, no es la rosa-nombre, no es una quintaesencia verbal. Es la rosa creada por el espíritu, denominada «azar». Acepción singularísima que ilustran y com-

prueban otras frases del autor. Salinas no retiene más que
una nota: la absoluta libertad. El poder libérrimo será el
espíritu, que nos transporta a una armonía trascendente.
Azar, pues, seguro y redondo, porque redondo es el univer-
so bajo la tutela del espíritu. Lo simboliza esa rosa ideal:
«De ti, que nunca te hice, / de ti, que nunca te hicieron, /
de ti me fío, redondo / seguro azar.»

Tal idealismo no hace perder pie al poeta. No lo sería sin
contacto con sus materiales, y sólo entonces el espíritu cum-
ple su función: espiritualizar los humildes materiales mara-
villosos. Para Salinas, captador y por eso creador, la rosa
real —la de un jardín o la de una industria— es también
maravillosa: punto de arranque —no hay remedio— de la
rosa de su redondo azar seguro. El poeta se deleitará con
la variedad innumerable de las cosas, y no excluirá ni las
más recientes, que aún no han alcanzado ante el vulgo ca-
tegoría poética: el automóvil, el cinematógrafo, la luz eléc-
trica, el radiador, el teléfono, la máquina de escribir, los
anuncios luminosos... Pero la creación humana no oculta la
Creación divina. *El Contemplado* para el poeta lo fue el
universo. Esas páginas sobre el mar de Puerto Rico se re-
lacionan con las del volumen póstumo —todavía inédito—
que podría denominarse *Confianza,* como uno de sus más
felices poemas [1]. ¡Con qué confianza, con qué serenidad es
contemplada la Naturaleza después de haber atravesado por
tales crisis de angustia social! (Téngase presente el gran poe-
ma «Cero».) Es consolador que se llegue al acorde final de
esta *Confianza* en el mundo de un azar que es espíritu.

Era fatal que la poesía de Pedro Salinas culminase en el
tema amoroso. Y así fue, y magníficamente. Aquí reside la
gran originalidad de nuestro poeta. Después de Espronceda
y Bécquer, después del «Canto a Teresa» y de las «Rimas»,
¿se ha escrito en España algo más importante que *La voz a
ti debida* y *Razón de amor?* Henos ante un amor que es

---

[1]   Estas palabras son de 1953. Al año siguiente se publicaba *Con-
fianza.* (Nota de Jorge Guillén.)

todo un mundo independiente y aparte de la realidad ordinaria, aunque este mundo del amor sea a su vez realísimo —si no el más real— y todo quede en él exaltado: la pasión, la ternura, la sensualidad, dirigidas al cuerpo y al alma de los amantes, que lo son con ardor permanente. Lo que se niega es el mundo común. Ningún conflicto con ese «resto» social sobreviene ni puede sobrevenir, porque el resto está ya abolido. ¿Dónde acontece la gran aventura? En la más solitaria de las islas, en esa soledad que recata siempre a todas las parejas de enamorados. Allí pasa lo que tiene que pasar, y no entenderíamos nuestra cálida historia si la confundiésemos con un amor platónico o místico. El ahondamiento espiritual, eso sí, orientará los afanes del poeta. ¿Cómo? Trascendida la persona de la amada anterior a quien es ella para el amante, la amada —ya sin nombre— se convierte en un Tú que insinúa su misterioso Más Allá. El amor habrá de buscarlo como si luchase, y no contra la amada sino en pro de la amada, hacia la mejor amada. A esta búsqueda se arroja el corazón con ansiedad placentera y dolorosa, muy lejana del simple juego cerebral. Claro que el sentimiento piensa —nos lo recordaba Unamuno— y estas inquietudes se nos ofrecen sentidas y pensadas. «Sí, por detrás de las gentes / te busco... / Detrás, detras, más allá.» Pero el Más Allá no exige la anulación del Más Acá: «esta corporeidad mortal y rosa / donde el amor inventa su infinito». Infinito de pasión, de imaginación, que no sería nada sin el adorable «donde»: «tu dulce cuerpo pensado». ¿Y cómo nacería este pensamiento sin la dulzura de ese cuerpo adorado y poseído? Tanto amor a un Tú en su desnudez, que no existe sino para un Yo, dentro del ámbito de la gran isla; tanto amor inquieto y anhelante, pero embriagado y felicísimo, asciende con empuje gozoso que suscita imágenes de ingravidez. Imágenes que nos colocan en un planeta gobernado por la ley de la gravitación. «Amor total, quererse como masas.» La poesía comporta a menudo cierto grado de ambigüedad. Ahora suena un verso clarísimo, y su tono es tajante. Totalidad, masas, amor total, compuesto de instantes configurados por líneas mínimas de acción y emoción:

huellas del más vívido desarrollo integral, que recurre para expresarse a toda suerte de medios, sin excluir los más abstractos.

¡Qué completa una poesía a un tiempo intelectual, pasional, sensual! Sería un error considerar como abstracto el conjunto. Ya son célebres aquellos versos: «Para vivir no quiero / islas, palacios, torres. / ¡Qué alegría más alta: / vivir en los pronombres!» «Pronombres»: palabra esqueléticamente gramatical, que ha empleado —no sin resonancia irónica— el poeta ingenioso. Y el ingenio se alía a lo que no es ingenio. Los pronombres Yo, Tú, ¿son entes metafísicos? Estas condensaciones monosilábicas nos sitúan frente a los amantes en una profundidad de esenciales que jamás abandona su existencia. El amante dirá con la mayor sencillez: «Yo te quiero, soy yo.» En definitiva, ¡qué tensión a lo largo de las dos obras, sin cesar tan vibrantes! A cada relectura me sacude el postrer poema de *La voz a ti debida,* concebido y padecido desde el hueco de nostalgia en que un amante está deseando a la ausente: los dos, tan separados, no son más que dos sombras. «¿Las oyes cómo piden realidades / ellas, desmelenadas, fieras, / ellas, las sombras que los dos forjamos / en este inmenso lecho de distancias?» Espléndido poema que señala irrefutablemente la hondura y la altura de Pedro Salinas, lírico. «Alma» y «amor» son sus vocablos capitales. «Alma», «amor»: supremos temas. Pedro Salinas ocupa ya un lugar muy suyo y muy eminente en la historia universal de la poesía amorosa.

JORGE GUILLÉN.

PRESAGIOS

[1923]

Forjé un eslabón un día,
otro día forjé otro
y otro.

De pronto se me juntaron
—era la cadena— todos.

Suelo. Nada más.
Suelo. Nada menos.
Y que te baste con eso.
Porque en el suelo los pies hincados,
en los pies torso derecho,
en el torso la testa firme,
y allá, al socaire de la frente,
la idea pura, y en la idea pura
el mañana, la llave
—mañana— de lo eterno.
Suelo. Ni más ni menos.
Y que te baste con eso.

Agua en la noche, serpiente indecisa,
silbo menor y rumbo ignorado [1]:
¿Qué día nieve, qué día mar? Dime.
¿Qué día nube, eco
de ti y cauce seco?

---

[1]   *P.C.:* silbo menor y rumbo ignorado;

Dime.
—No lo diré: entre tus labios me tienes,
beso te doy, pero no claridades.
Que compasiones nocturnas te basten
y lo demás a las sombras
déjaselo, porque yo he sido hecha
para la sed de los labios que nunca preguntan.

Posesión de tu nombre,
sola que tú permites,
felicidad, alma sin cuerpo.
Dentro de mí te llevo
porque digo tu nombre,
felicidad, dentro del pecho.
«Ven»: y tú llegas quedo;
«vete»: y rápida huyes.
Tu presencia y tu ausencia
sombra son una de otra,
sombras me dan y quitan.
(¡Y mis brazos abiertos!)
Pero tu cuerpo nunca,
pero tus labios nunca,
felicidad, alma sin cuerpo, sombra pura.

¡Cuánto rato te he mirado
sin mirarte a ti, en la imagen
exacta e inaccesible
que te traiciona el espejo!
«Bésame», dices. Te beso,
y mientras te beso pienso
en lo fríos que serán
tus labios en el espejo.
«Toda el alma para ti»,
murmuras, pero en el pecho
siento un vacío que sólo

me lo llenará ese alma
que no me das.
El alma que se recata
con disfraz de claridades
en tu forma del espejo.

El alma tenías
tan clara y abierta,
que yo nunca pude
entrarme en tu alma.
Busqué los atajos
angostos, los pasos
altos y difíciles...
A tu alma se iba
por caminos anchos.
Preparé alta escala
—soñaba altos muros
guardándote el alma—,
pero el alma tuya
estaba sin guarda
de tapial ni cerca.
Te busqué la puerta
estrecha del alma,
pero no tenía,
de franca que era,
entradas tu alma.
¿En dónde empezaba?
¿Acababa, en dónde?
Me quedé por siempre
sentado en las vagas
lindes de tu alma.

—¿Lloverá otra vez mañana?
—¿Alma, tú me lo preguntas?
Yo no lo sé.
Brillando están las estrellas

como niñas bien bañadas
en el gran río del día;
ahora
limpias y gozosas saltan
por el campo azul del cielo.
El árbol tiene un verdor
sin usar y es un chiquillo
que lloraba por tener
vestido nuevo y la madre
primavera se lo dio.
La brisa es más fresca; el alma
siente que pasa por ella
algo nuevo, que es un cauce
que estuvo seco y que vuelve
a conducir su caudal.
Y un gozo nunca sentido,
un verdor, unas estrellas
y un río que vuelve a andar.
Son un augurio bien claro.
Alma, tú me lo preguntas:
—¿Lloverá otra vez mañana?
—Yo no sé más.

Arena: hoy dormida en la playa
y mañana cobijada
en los senos del mar:
hoy del sol y mañana del agua.
A la mano que te oprime
le cedes blanda
y te vas con el primer viento
galán que pasa.
Arena pura y casquivana,
novia versátil y clara, te quise por mía
y te estreché contra el pecho y el alma.
Pero con olas y brisas y soles te fuiste
y me quedé sin amada,
con la frente dada al viento que me la robaba,

y la vista al mar lejano donde ella tenía
verdes amores en verde posada.

Deja ya de mirar la arquitectura
que va trazando el fuego de artificio
en los cielos de agosto. Lleva el vicio
en sí de toda humana criatura:

vicio de no durar. Que sólo dura
por un instante el fúlgido edificio
para dejarnos ver el beneficio
sagrado de una luz en noche oscura.

Ven... Hay que ir a buscar lo más durable.
Esta noche de estío por ti enciende
sus innúmeras luces en lo alto;

cállate bien y deja que ella hable.
Y del vano cohete sólo aprende
a ir preparando tu divino salto.

Cerrado te quedaste, libro mío.
Tú, que con la palabra bien medida
me abriste tantas veces la escondida
vereda que pedía mi albedrío,

esta noche de julio eres un frío
mazo de papel blanco. Tu fingida
lumbre de buen amor está encendida
dentro de mí con no fingido brío.

Pero no has muerto, no, buen compañero,
que para vida superior te acreces:
el oro que guardaba tu venero

hoy está libre en mí, no en ti cautivo,
y lo que me fingiste tantas veces,
aquí en mi corazón lo siento vivo.

Esta cadena de hierro
que tanto pesa, me es leve
de llevar y no la siento.
Hay otra cadena hecha
de olas, de tierras y vientos,
de sonrisas y suspiros,
que me ata yo no sé adónde,
que me esclaviza a ese dueño
desconocido, a ese dueño...

Estoy sentado al sol en la puerta de casa,
sin otra compañía que la sombra
de mí mismo tendida por el suelo.
La criatura extraña
que entre el sol de setiembre y yo creamos,
sabe cosas de mí que yo no sé.
Me define de modos muy distintos,
es más ágil que yo y en tanto lucho
por dar con el secreto del movimiento justo
para mi verbo, ella se expresa bien, se alarga,
se hace tenue y vaga como la noche exige
o se precisa como verso de mármol
si así lo quiere el sol.
Yo me veo bien claro:
lo de fuera de mí, sol o luna, y aquello
que yo soy, haz y envés,
la sombra lo junta y expresa.
Pero ¿de qué me sirve? [2]
Si la miro en demanda ansiosa de conciencia,
es burlona, enflaquece risiblemente o hace
de todo yo una bola grotesca.

---

[2]   *P.C.:* ¿Pero de qué me sirve?

Y por eso la mato cada día
entrándome en la casa, toda sombra sin sombras,
asesino pueril y Caín de burla.

Hijo mío, ven al mundo
que preparado está ya
tu ajuar.
Brazos te esperan de madre
que te estrecharán;
silabarios donde aprendas
que *b* y *a* se dice *ba;*
cuna, caballo, avión
y servicio militar.
Muchas palabras en libros
y otras que van
entreoídas por los aires
al que las quiera captar.
Adjetivos graduados,
amable, bueno, genial,
escultor que te haga estatua
si te la sabes ganar,
y olvido, el obrero terco
que la sepa derribar.
Y si algún día sintieras
que *b* y *a* no dicen *ba,*
que eres malo sin malicia,
bueno sin bondad,
dóblate sobre el brocal
del pozo y grita muy fuerte
tu verdad,
la que no estaba acuñada,
y del hondo de las aguas [3]

---

[3]   *P.C.:* la que no estaba acuñada.
         Y del hondo de las aguas.

otra verdad te saldrá
y del hondo de las aguas
otros ojos
hermanos contestarán.

¡Cómo me duermes al niño,
enorme cuna del mundo,
cuna de noche de agosto!
El viento me lo acaricia
en las mejillas
y lo que canta en los árboles
tiene sonsón de nanita
para que se duerma pronto.
Suaves estrellas le guardan
de mucha luz y de mucha
tiniebla para los ojos.
Y parece que se siente
rodar la Tierra muy lenta,
sin más vaivén que el preciso
para que se duerma el niño,
hijo mío e hijo suyo.

En la tierra seca
el alma del viento
avisos marinos me daba
con los labios trémulos
de chopos de estío.
Alientos de mar
y ansias de periplo,
quilla, proa, estela.
Circe y vellocino,
todo lo mentían
chopos sabidores
de la tierra seca.
Y una nube blanca
(una vela blanca)

en el horizonte,
con gestos de lino,
alardes de fuga
por rumbos queridos
hacía
en el mar sin viento
de aquel cielo seco
de la tierra seca
con chopos de estío.

El río va a su negocio
corre que te correrás.
De cuando en cuando, en la orilla
hay una moza que sale
(Gelves es la moza humilde,
Sevilla la de linaje)
a ofrecerle el corazón
si el río quiere pararse.
Pero
el río va a su negocio
y no se casa con nadie.

Estaban todos alrededor de la cama.
La palabra postrera de la enferma fue: «Agua».
Y se sintieron saltos cantarines de arroyo
entre guijas y al fondo cruzaron velas blancas,
y el sol que entró en la alcoba
se deshizo en los siete colores.
                              Y la muerte.
La palabra final de la enferma fue: «Agua».

Lágrima,
no te quiero, eres de agua.
Como el río al mar,
la fuente a la sed,

la charca a la nube,
tarde o temprano te marchas.
Alegría,
alegría cálida y áurea,
no te quiero, eres de sol.
Y hasta el calendario cuenta
que por las tardes te llevas
a otro —¿a qué otro?— lo que
me dabas por la mañana.
Libro.
No te quiero. De papel
cárcel frustrada, ya sabes
que se te irá el prisionero.
Agua que nunca huye,
soles que no se ponen,
libros que no traicionan:
quietud, tiniebla inmóvil, tú, silencio.
Y lo de fuera, sí, sé generoso, afuera.
Mas lo de adentro —dulce secreto eterno— adentro.

Anoche se me ha perdido
en la arena de la playa
un recuerdo
dorado, viejo y menudo
como un granito de arena.
¡Paciencia! La noche es corta.
Iré a buscarlo mañana...
Pero tengo miedo de esos
remolinos nocherniegos
que se llevan en su grupa
—¡Dios sabe adónde!— la arena
menudita de la playa.

SEGURO AZAR

[1924-1928]

VOCACIÓN

Abrir los ojos. Y ver
sin falta ni sobra, a colmo
en la luz clara del día
perfecto el mundo, completo.
Secretas medidas rigen
gracias sueltas, abandonos
fingidos, la nube aquélla,
el pájaro volador,
la fuente, el tiempo del chopo.
Está bien, mayo, sazón [4].

Todo en el fiel. Pero yo...
Tú, de sobra. A mirar,
y nada más que a mirar
la belleza rematada
que ya no te necesita.

Cerrar los ojos y ver
incompleto, tembloroso,
de será o de no será
—masas torpes, planos sordos—
sin luz, sin gracia, sin orden,
un mundo sin acabar,
necesitado, llamándome

---

[4]   *P.C.* no dividen estrofa.

a mí, o a ti, o a cualquiera
que ponga lo que falta,
que le dé la perfección.

En aquella tarde clara,
en aquel mundo sin tacha,
escogí:
      el otro.
Cerré los ojos.

PASAJERO APRESURADO

Ciudad, ¿te he visto o no?
La noche era una prisa
por salir de la noche.
Tú al paso me ofreciste
gracias vagas, en vano.
Aquella catedral
que disparaba piedras
a la niebla... No sé
qué agua turbia, raptora
de luces a los puentes [5].

Inaccesible entre
su guardia de cristales
perla, flor o pintura,
corazón de las tiendas.
Y hubo una pantorrilla
tersa en la media fina,
cuando el asfalto ofrece
sucio azogue a las nubes.

---

[5] *P.C.* no dividen estrofa.

SIN VOZ, DESNUDA

Sin armas. Ni las dulces
sonrisas, ni las llamas
rápidas de la ira.
Sin armas. Ni las aguas
de la bondad sin fondo,
ni la perfidia, corvo pico.
Nada. Sin armas. Sola [6].

Ceñida en tu silencio.
«Sí» y «no», «mañana» y «cuando»,
quiebran agudas puntas
de inútiles saetas
en tu silencio liso
sin derrota ni gloria.
¡Cuidado!, que te mata
—fría, invencible, eterna—
eso, lo que te guarda,
eso, lo que te salva,
el filo del silencio que tú aguzas.

ORILLA

Si no fuera por la rosa [7]
frágil, de espuma, blanquísima,
que él, a lo lejos se inventa,
¿quién me iba a decir a mí [8]
que se le movía el pecho
de respirar, que está vivo,
que tiene un ímpetu dentro,
que quiere la tierra entera,
azul, quieto, mar de julio?

---

[6]   *P.C.:* no dividen estrofa.
[7]   *P.C.:* ¿Si no fuera por la rosa
[8]   *P.C.:* quién me iba a decir a mí

LOS MARES

El mar. Chasquido breve,
muerte de adolescencia
sobre la arena tibia.
Playa.
El mar. Ámbito exacto:
allí acaba, aquí empieza,
aquí estoy yo, allí ella.
Ausencia.

El mar. Embate plano
contra rocas tajadas.
Escribe blanca espuma
con el cantil su acróstico.
Se lo descifra el viento.
Secreto.
El mar. Sal en los labios
que beso, y esa gota
que va rodando, ajena,
por mejilla sin llanto.
La sal y el agua
en el amor y en el aire.

El mar. Las rastrojeras
ardidas.
Un chopo solo y quieto.
Esqueléticos galgos
buscan agua en el cauce
seco [9].

---

[9]　*P.C.* dividen el poema en cinco estrofas, comenzadas por «El mar...»

DON DE LA MATERIA

Entre la tiniebla densa
el mundo era negro: nada.
Cuando de un brusco tirón
—forma recta, curva forma—
le saca a vivir la llama.
Cristal, roble, iluminados,
¡qué alegría de ser tienen,
en luz, en líneas, ser
en brillo y veta vivientes!
Cuando la llama se apaga
fugitivas realidades,
esa forma, aquel color,
se escapan.
¿Viven aquí o en la duda?
Sube lenta una nostalgia
no de luna, no de amor,
no de infinito. Nostalgia
de un jarrón sobre la mesa.
¿Están?
Yo busco por donde estaban.
Desbrozadora de sombras
tantea la mano. A oscuras
vagas huellas, sigue el ansia.
De pronto, como una llama
sube una alegría altísima
de lo negro: la luz del tacto.
Llegó al mundo de lo cierto.
Toca el cristal, frío, duro,
toca la madera, áspera.
¡Están!
La sorda vida perfecta
sin color, se me confirma,
segura, sin luz, la siento:
realidad profunda, masa.

LA DIFÍCIL

En los extremos estás
de ti, por ellos te busco.
Amarte: ¡qué ir y venir
a ti misma de ti misma!
Para dar contigo, cerca,
¡qué lejos habrá que ir!
Amor: distancias, vaivén
sin parar [10].

En medio del camino, nada.
No, tu voz no, tu silencio.
Redondo, terso, sin quiebra,
como aire, las preguntas
apenas le rizan,
como piedras, las preguntas
en el fondo se las guarda.
Superficie del silencio
y yo mirándome en ella.
Nada, tu silencio, sí.

O todo tu grito, sí.
Afilado en el callar,
acero, rayo, saeta,
rasgador, desgarrador,
¡qué exactitud repentina
rompiendo al mundo la entraña,
y el fondo del mundo arriba,
donde él llega, fugacísimo!
Todo, sí, tu grito, sí.

Pero tu voz no la quiero.

---

[10] *P.C.* no presentan división estrófica tras este verso.

35 BUJÍAS

Sí. Cuando quiera yo
la soltaré. Está presa [11],
aquí arriba, invisible.
Yo la veo en su claro
castillo de cristal, y la vigilan
—cien mil lanzas— los rayos
—cien mil rayos— del sol. Pero de noche,
cerradas las ventanas
para que no la vean
—guiñadoras espías— las estrellas,
la soltaré. (Apretar un botón.)
Caerá toda de arriba
a besarme, a envolverme
de bendición, de claro, de amor, pura.
En el cuarto ella y yo no más, amantes
eternos, ella mi iluminadora
musa dócil en contra
de secretos en masa de la noche
—afuera—
descifraremos formas leves, signos,
perseguidos en mares de blancura
por mí, por ella, artificial princesa,
amada eléctrica.

ACUARELA

Con el cielo gris
la copla
triste de Sevilla
se afina, se afina.
En agua sin sol

---

[11] Corregimos la errata de *P.E.,* que daban punto a final de
verso y el siguiente comenzaba con minúscula. Seguimos a *P.C.*

sombras de naranjos
entierran azahares.
Arriba,
en las altas miras
esperan las niñas
los barcos de oro.
Abajo
aguardan los mozos
que se abran cancelas
a patios sin fondo.
Sin rubor se quedan,
pálidas, las torres.
Desde las orillas,
las desesperadas
luces suicidas
al río se lanzan.
Cadáveres lentos
rosa, verde, azul,
azul, verde, rosa
se los lleva el agua.

LA CONCHA

Tersa, pulida, rosada,
¡cómo la acariciarían,
si mejilla de doncella! [12]

Entreabierta, curva, cóncava,
su albergue, encaracolada,
mi mirada se hace dentro [13].

Azul, rosa, malva, verde,
tan sin luz, tan irisada,

---

[12] *P.C.:* sí, mejilla de doncella!
[13] *P.C.:* Sin división estrófica.

tardes, cielos, nubes, soles,
crepúsculos me eterniza.

En el óvalo de esmalte
rectas sutiles, primores
de geometría en gracia,
la solución le dibujan,
sin error, a aquel problema
propuesto
en lo más hondo del mar.

Pero su hermosura, inútil,
nunca servirá. La cogen,
la miran, la tiran ya.
Desnuda, sola, bellísima
la venera, eco de mito,
de carne virgen, de diosa,
su perfección sin amante
en la arena perpetúa.

PASILLO DE LA PRISA

¡Quémate, día, quémate [14]
en la —¡quémate día!— hoguera
de la prisa!
¡Pronto, la llama alta, [15]
que me espera otro tú, otro día!
¡Más alta llama! Te echaré
porque te acabes antes
todo lo que me pidas.
Toda mi perfección guardada y seca,
ahorro de tantos años,
¡cómo la despilfarro,

---

[14] *P.C.:* ¡Quémate día, quémate
[15] *P.C.:* ¡Pronto la llama alta

viéndola chispear, brotar, chascando
para que ella me invente al consumirse
un mundo en blanco!
Desnudo del ayer, del hoy desnudo,
¡qué ardiendo, qué saltando!
lo recordado —briznas—,
lo deseado —¡qué olor fresco de retama!—, [16]
en la hoguera lo veo. Yo lo eché.
Pero aún me quedo yo.
Derecho, yo también
a la llama, a la prisa,
a llegar, a pasar, limpio, por fuego
más allá, al otro lado
—fénix, al otro día—
del día, de la prisa.

FE MÍA

No me fío de la rosa
de papel,
tantas veces que la hice [17]
yo con mis manos.
Ni me fío de la otra
rosa verdadera,
hija del sol y sazón,
la prometida del viento.
De ti, que nunca te hice, [18]
de ti, que nunca te hicieron,
de ti me fío, redondo
seguro azar.

---

[16] *P.C.:* lo deseado —qué olor fresco de retama—,
[17] Corregimos errata de *P.E.* siguiendo *P.C.* En *P.E.* se abría al
comienzo del verso un signo de admiración que no se cerraba.
[18] *P.C.:* De ti que nunca te hice,

AMIGA

Para cristal te quiero,
nítida y clara eres. [19]
Para mirar el mundo,
a través de ti, puro,
de hollín o de belleza,
como lo invente el día.
Tu presencia aquí, sí,
delante de mí, siempre,
sin verte y verdadera.
Cristal. ¡Espejo, nunca!

PLAYA

Flotante, sin asidero,
nadador fuera del agua,
voluntario a la deriva,
por las horas, por el aire,
por el haz de la mañana.
Todo fugitivo, todo
resbaladizo, se escapa
de entre los dedos del mundo, [20]
la tierra, la arena. Nubes,
velas, gaviotas, espumas,
blancuras desvariadas,
tiran de mí, que las sigo,
que las dejo. ¿Estoy, estaba,
estaré? Pero sin ir,
sin venir, quieto, flotando
en aquí, en allí, en azul.
Una alegría que es
el filo de la mañana

---

[19] Corregimos errata de *P.E.* siguiendo *P.C.* En *P.E.* el verso
comenzaba con minúscula después de punto.
[20] *P.C.:* de entre los dedos el mundo,

rompe, corta, desenreda
nudos, promesas, amarras.
Tropeles de sombras ninfas
huyendo van de sus cuerpos
en islas desenfrenadas.
Con su cargamento inútil
de recuerdos y de plazos
—¡ya no sirven, ya no sirven!—
el tiempo leva las anclas.
No se le ve ya. Sin tiempo,
prisa y despacio lo mismo,
¡qué de prisa, qué despacio
juegan los lejos a cercas
colgados del verdiazul
columpio de las distancias!
Su silencio echan a vuelo
enmudecidas campanas
y cumplen su juramento
los horizontes del alba:
la vida toda de día,
sin lastre, pura, flotando
ni en agua, ni en aire, en nada.

TRIUNFO SUYO

No se le ve,
pero está detrás, seguro,
imperial rostro insufrible,
dueño de lo último.
Aunque me deje ganar
fingidamente un instante
¡qué falsa siento mi fuerza,
que él me presta contra él!
Yo lo sé:
lo mío es mío, es suyo.
Lo eterno, suyo. Vendrá,
—¡qué bien le siento!— por ello.

Voy a verle cara a cara:
porque ya se está quitando,
porque está tirando ya,
los cielos, las alegrías,
los disimulos, los tiempos,
las palabras, antifaces
leves que yo le ponía
contra —¡irresistible luz!—
su rostro de sin remedio
eternidad, él, silencio.

FÁBULA Y SIGNO

[1931]

RELÓ PINTADO

Las dos y veinticinco. Sí, pero no aquí, no.
¿En qué día serían
las dos y veinticinco ésas,
en qué mundo serán
las dos y veinticinco, de qué año?
¡Qué bien está esa hora
boba, suelta, volando
por los limbos del tiempo!
Se ve que es una hora
en que no pasó nada más que ella:
sus sesenta minutos
lentísimos, sesenta besos largos,
inocentes,
en la mejilla tierna de una tarde
de un setiembre cualquiera, no sé dónde.
Hasta dejar de ser
hora de paso en su ascensión
a esto que ya es ahora: un alma de hora
escogida —¿por qué?—,
salvada de entre todas en la esfera
de aquel reló pintado, falso, alegre
medida de lo eterno.

MAR DISTANTE

Si no es el mar, si es su imagen,
su estampa, vuelta, en el cielo.

Si no es el mar, si es tu voz
delgada,
a través del ancho mundo,
en altavoz, por los aires.
Si no es el mar, si es su nombre
en un idioma sin labios,
sin pueblo,
sin más palabra que ésta:
mar.

Si no es el mar, si es su idea
de fuego, insondable, limpia;
y yo,
ardiendo, ahogándome en ella.

PARÍS, ABRIL, MODELO

¡Primavera, qué acierto
por fin,
después de tanta prueba
frustrada en tantos años!
¡Cómo conozco ahora
que las pasadas eran
ensayos nada más
de tiempos aprendices!
En ellas
sobraba siempre algo:
demasías de viento,
cuatro grados
más de temperatura,
una sombrilla abierta
pronto, besos precoces.
Locas de inexperiencia,
las otras
corrían los jardines
en busca de un altar.
¿Fustes? ¿Troncos? Ni templo

ni bosque. Se probaban
—bronce, mármol— estatuas.
Se ponían
traje azul de cielo
para tirarlo a prisa
porque lo había usado
el invierno reciente.
Estaban aprendiendo.
Se creían los colores
de la rosa. Buscaban
en estanques. Arrugas
y muecas. ¿Eran ellas?
Tiernas infantas rápidas,
abdicaban, huían:
para reinar muy jóvenes.
Tú, tú eres la primera.
Ni en rosa ni en azul
confiada, nunca en Venus
buscaste forma, tú,
inventora de formas,
modelo,
estatua de ti misma.
Entre cristales,
maniquí, creación
de primavera, aguardas
que florezcan dibujos
en las sedas.
Un termómetro al lado
—¡cuidado, precoz no!—
te anunciará el momento
—¡18 grados ya!—
de huir el escaparate,
de saltar a los tiempos [21],
en la proclamación

---

[21] Corregimos la errata evidente de *P.E.* siguiendo *P.C. P.E.:*
de saltar o los tiempos,

imperial del desnudo
—sólo yo lo sabía—
que tú llevabas dentro,
modelo,
primavera modelo.

RESPUESTA A LA LUZ

Sí, sí, dijo el niño, sí.
Y nadie le preguntaba.
¿Qué le ofrecías, la noche,
tú, silencio, qué le dabas
para que él dijera a voces,
tanto sí, que sí, que sí?
Nadie le ofrecía nada.
Un gran mundo sin preguntas,
vacías las negras manos
—ámbitos de madrugada—,
alrededor enmudece.
Los síes —¡qué golpetazos
de querer en silencio!—,
las últimas negativas
a la noche le quebraban.
Sí, sí a todo, a todo sí.
a la nada sí, por nada.

Allá por los horizontes
sin que nadie —él solo: nadie—
la escuchara, sigilosa
de albor, rosa y brisa tierna,
iba la pregunta muda,
naciendo ya, la mañana.

ESTACIÓN

Pregonada ciudad, villa en el aire,
tú, nunca vista.

Tú, que me despertaste
de un sueño sobre ruedas
erigiendo
en las ondas del viento
tu ausencia con tres sílabas.
(Ella, la titular, la de tu nombre,
estaba arriba,
arropada en la noche con su audiencia,
su obispo y su casino). Mientras, tú,
la suplantadora,
mágica villa acústica,
me entregabas tus llaves al oído.
¡Qué ciudad temblorosa de un minuto,
con flotantes banderas, sin historia,
hecha y deshecha toda en un minuto!
Y yo tu emperador, en un paréntesis
del sueño, encanto esdrújulo.
De ti, no de la otra
amarrada a sus siglos,
de ti, mía, instantánea,
voz y sonido puros contra piedras.

JARDÍN DE LOS FRAILES

Del aire te defendiste,
el tiempo nunca te pudo,
pero te rindes al agua.

¡Qué seguro de ti mismo,
qué distante de tu alma,
entre cuatro ángulos rectos
estabas, rígido! Enorme
deber de la piedra gris.
Pero el agua
—¿por qué te fuiste a mirar?—
te bautizó el temblor,
de curvas de tentación.

Se te quebraron las rectas,
los planos se te arqueaban
para vivir, como el pecho.
¡Qué latido
de ansias verdes, azules,
en ondas, contra los siglos
rectilíneos!
¡Qué recién hallada, nueva,
flotando sobre lo verde,
tu querencia de escapar
a geometría y sino!
Tu alma, tan insospechada,
suelta ya de su cadáver
que seguí allí lo mismo
—monumento nacional—,
en su sitio, para siempre.

El agua te sacó el alma.

AFÁN

No, no me basta, no.
Ni ese azul en delirio
celeste sobre mí,
cúspide de lo azul.
Ni esa reiteración
cantante de la ola,
espumas afirmando,
síes, síes sin fin.
Ni tantos irisados
primeros de las nubes
—ópalo, blanco y rosa—,
tan cansadas de cielo
que duermen en las conchas.
No, no me bastan, no.
Colmo, tensión extrema,

suma de la belleza
el mundo, ya no más.
Y yo más.
Más azul que el azul
alto. Más afirmar
amor, querer, que el sí
y el sí y el sí.
La tarde ya en el límite
de dar, de ser,
agota sus reservas:
gozos, colores, triunfos;
me descubre los fondos
de mares y de glorias,
se estira, vibra, tiembla,
no puede más.
Lo sé, se va a romper
si yo le grito esto
que ya le estoy gritando
irremisiblemente
a golpes:
«Tú, ya no más; yo, más.»

«UNDERWOOD GIRLS»

Quietas, dormidas están,
las treinta redondas blancas [22].
Entre todas
sostienen el mundo.
Míralas aquí en su sueño,
como nubes,
redondas, blancas y dentro
destinos de trueno y rayo,
destinos de lluvia lenta,
de nieve, de viento, signos.
Despiértalas,

---

[22]   *P.C.:* las treinta, redondas, blancas.

con contactos saltarines
de dedos rápidos, leves,
como a músicas antiguas.
Ellas suenan otra música:
fantasías de metal
valses duros, al dictado.
Que se alcen desde siglos
todas iguales, distintas
como las olas del mar
y una gran alma secreta.
Que se crean que es la carta,
la fórmula, como siempre.
Tú alócate
bien los dedos, y las
raptas y las lanzas,
a las treinta, eternas ninfas
contra el gran mundo vacío,
blanco en blanco.
Por fin a la hazaña pura,
sin palabras, sin sentido,
ese, zeda, jota, i...

LAS SIN PRUEBAS

¡Cuando te marchas, qué inútil
buscar por donde anduviste,
seguirte!
Si has pisado por la nieve,
sería como las nubes
—su sombra—, sin pies, sin peso
que te marcara.
Cuando andas
no te diriges a nada
ni hay senda que luego diga:
«Pasó por aquí».
Tú no sales del exacto
centro puro de ti misma:

son los rumbos confundidos
los que te van al encuentro.
Con la risa o con las voces
tan blandamente
descabalas el silencio
que no le duele, que no
te siente:
se cree que sigue entero.
Si por los días te busco
o por los años [23],
no salgo de un tiempo virgen:
fue ese año, fue tal día,
pero no hay señal:
no dejas huella detrás.
Y podrás negarme todo,
negarte a todo podrás,
porque te cortas los rastros
y los ecos y las sombras.
Tan pura ya, tan sin pruebas,
que cuando no vivas más
ya no sé en qué voy a ver [24]
que vivías,
con todo ese blanco inmenso
alrededor, que creaste.

LUZ DE LA NOCHE

Estoy pensando, es de noche,
en el día que hará allí
donde esta noche es de día.
En las sombrillas alegres,
abiertas todas las flores,

---

[23] *P.C.:* o por los años.
[24] *P.C.:* yo no sé en qué voy a ver

contra ese sol, que es la luna
tenue que me alumbra a mí.
Aunque todo está tan quieto,
tan en silencio en lo oscuro,
aquí alrededor,
veo a las gentes veloces
—prisa, trajes claros, risa—
consumiendo sin parar,
a pleno goce, esa luz
de ellos, la que va a ser mía
en cuanto alguien diga allí
«ya es de noche».
La noche donde yo estoy
ahora,
donde tú estás junto a mí
tan dormida y tan sin sol
en esa
noche y luna del dormir,
que pienso en el otro lado
de tu sueño, donde hay luz
que yo no veo.
Donde es de día y paseas
—te sonríes al dormir—
con esa sonrisa abierta,
tan alegre, tan de flores,
que la noche y yo sentimos
que no puede ser de aquí.

LA VOZ A TI DEBIDA

POEMA

[1933]

Thou Wonder, and thou 'Beauty, and thou Terror [25].

SUELLEY: *Epipsychidion*.

No, no dejéis cerradas
las puertas de la noche,
del viento, del relámpago,
la de lo nunca visto.
Que están abiertas siempre
ellas, las conocidas.
Y todas, las incógnitas,
las que dan
a los largos caminos
por trazar, en el aire,
a las rutas que están
buscándose su paso
con voluntad oscura
y aún no lo han encontrado
en puntos cardinales.
Poned señales altas,
maravillas, luceros;
que se vea muy bien
que es aquí, que está todo
queriendo recibirla.
Porque puedo venir.
Hoy o mañana, o dentro

---

[25] Corregimos la errata de *P.E.* que leía «Terro».

de mil años, o el día
penúltimo del mundo.
Y todo
tiene que estar tan llano
como la larga espera [26].
Aunque sé que es inútil.
Que es juego mío, todo,
el esperarla así
como a soplo o a brisa,
temiendo que tropiece.
Porque cuando ella venga
desatada, implacable,
para llegar a mí,
murallas, nombres, tiempos,
se quebrarían todos,
deshechos, traspasados
irresistiblemente
por el gran vendaval
de su amor, ya presencia.

Sí, por detrás de las gentes [27]
te busco.
No en tu nombre, si lo dicen,
no en tu imagen, si la pintan.
Detrás, detrás, más allá [28].
Por detrás de ti te busco.
No en tu espejo, no en tu letra,
ni en tu alma.
Detrás, más allá.

También detrás, más atrás
de mí te busco. No eres
lo que yo siento de ti.

---

[26] *P.C.:* Separación estrófica tras este verso.
[27] En *P.C.* se considera poema independiente a partir de este verso.
[28] *P.C.:* Separación estrófica tras este verso.

No eres
lo que me está palpitando
con sangre mía en las venas,
sin ser yo.
Detrás, más allá te busco.

Por encontrarte, dejar
de vivir en ti, y en mí,
y en los otros.
Vivir ya detrás de todo,
al otro lado de todo
—por encontrarte—,
como si fuese morir.

Ha sido, ocurrió, es verdad.
Fue un día, fue una fecha
que le marca el tiempo al tiempo.
Fue en un lugar que yo veo.
Sus pies pisaban el suelo
este que todos pisamos.
Su traje
se parecía a esos otros
que llevan otras mujeres.
Su reló
destejía calendarios,
sin olvidarse una hora:
como cuentan los demás.
Y aquello que ella me dijo
fue en un idioma del mundo,
con gramática e historia.
Tan de verdad,
que parecía mentira.

No.
Tengo que vivirlo dentro,
me lo tengo que soñar.

Quitar el color, el número,
el aliento todo fuego,
con que me quemó al decírmelo.
Convertir todo en acaso,
en azar puro, soñándolo.
Y así, cuando se desdiga
de lo que entonces me dijo,
no me morderá el dolor
de haber perdido una dicha
que yo tuve entre mis brazos,
igual que se tiene un cuerpo.
Creeré que fue soñado.
Que aquello, tan de verdad,
no tuvo cuerpo, ni nombre.
Que pierdo
una sombra, un sueño más.
«Mañana». La palabra
iba suelta, vacante,
ingrávida en el aire,
tan sin alma y sin cuerpo,
tan sin calor ni beso,
que la dejé pasar
por mi lado, en mi hoy.
Pero de pronto tú
dijiste: «Yo, mañana...»
Y todo se pobló
de carne y de banderas.
Se me precipitaban
encima las promesas
de seiscientos colores,
con vestidos de moda,
desnudas, pero todas
cargadas de caricias.
En trenes o en gacelas
me llegaban —agudas,
sones de violines—
esperanzas delgadas
de bocas virginales.

O veloces y grandes
como buques, de lejos,
como ballenas
desde mares distantes,
inmensas esperanzas
de un amor sin final.
¡Mañana! Qué palabra
toda vibrante, tensa
de alma y carne rosada,
cuerda del arco donde
tú pusiste, agudísima,
arma de veinte años,
la flecha más segura
cuando dijiste: «Yo...»

Y súbita, de pronto
porque sí, la alegría.
Sola, porque ella quiso,
vino. Tan vertical,
tan gracia inesperada,
tan dádiva caída,
que no puedo creer
que sea para mí.
Miro a mi alrededor,
busco. ¿De quién sería?
¿Será de aquella isla
escapada del mapa,
que pasó por mi lado
vestida de muchacha,
con espumas al cuello,
traje verde y un gran
salpicar de aventuras?
¿No se le habrá caído
a un tres, a un nueve, a un cinco
de este agosto que empieza?
¿O es la que vi temblar
detrás de la esperanza,

al fondo de una voz
que me decía: «No»?

Pero no importa, ya.
Conmigo está, me arrastra.
Me arranca del dudar.
Se sonríe, posible:
toma forma de besos,
de brazos, hacia mí;
pone cara de mía.
Me iré, me iré con ella
a amarnos, a vivir
temblando del futuro,
a sentirla de prisa,
segundos, siglos, siempres,
nadas. Y la querré
tanto, que cuando llegue
alguien
—y no se le verá,
no se le han de sentir
los pasos— a pedírmela
(es su dueño, era suya),
ella, cuando la lleven,
dócil, a su destino,
volverá la cabeza
mirándome. Y veré
que ahora sí es mía, ya.

Ahí, detrás de la risa,
ya no se te conoce.
Vas y vienes, resbalas
por un mundo de valses
helados, cuesta abajo;
y al pasar, los caprichos,
los prontos te arrebatan
besos sin vocación
a ti, la momentánea
cautiva de lo fácil.

«¡Qué alegre!», dicen todos.
Y es que entonces estás
queriendo ser tu otra,
pareciéndote tanto
a ti misma, que tengo
miedo de perderte, así.

Te sigo. Espero. Sé
que cuando no te miren
túneles ni luceros,
cuando se crea el mundo
que ya sabe quién eres
y diga: «Sí, ya sé»
tú te desatarás,
con los brazos en alto,
por detrás de tu pelo,
la lazada, mirándome.
Sin ruido de cristal
se caerá por el suelo,
ingrávida careta
inútil ya, la risa.
Y al verte en el amor
que yo te tiendo siempre
como un espejo ardiendo,
tú reconocerás
un rostro serio, grave,
una desconocida
alta, pálida y triste,
que es mi amada. Y me quiere
por detrás de la risa.

Yo no necesito tiempo
para saber cómo eres:
conocerse es el relámpago.
¿Quién te va a ti a conocer
en lo que callas, o en esas
palabras con que lo callas?

El que te busque en la vida
que estás viviendo, no sabe
más que alusiones de ti,
pretextos donde te escondes.
Ir siguiéndote hacia atrás
en lo que tú has hecho, antes,
sumar acción con sonrisa,
años con nombres, será
ir perdiéndote. Yo no.
Te conocí en la tormenta.
Te conocí, repentina,
en ese desgarramiento brutal
de tiniebla y luz,
donde se revela el fondo
que escapa al día y la noche.
Te vi, me has visto, y ahora,
desnuda ya del equívoco,
de la historia, del pasado,
tú, amazona en la centella,
palpitante de recién
llegada sin esperarte,
eres la antigua mía,
te conozco tan de tiempo,
que en tu amor cierro los ojos,
y camino sin errar,
a ciegas, sin pedir nada
a esa luz lenta y segura
con que se conocen letras
y formas y se echan cuentas
y se cree que se ve
quién eres tú, mi invisible.

¡Qué gran víspera el mundo!
No había nada hecho.
Ni materia, ni números,
ni astros, ni siglos, nada.

El carbón no era negro
ni la rosa era tierna.
Nada era nada, aún.
¡Qué inocencia creer
que fue el pasado de otros
y en otro tiempo, ya
irrevocable, siempre!
No, el pasado era nuestro:
no tenía ni nombre.
Podíamos llamarlo
a nuestro gusto: estrella,
colibrí, teorema,
en vez de así, «pasado»;
quitarle su veneno.
Un gran viento soplaba
hacia nosotros minas,
continentes, motores.
¿Minas de qué? Vacías.
Estaban aguardando
nuestro primer deseo
para ser en seguida
el cobre, de amapolas.
Las ciudades, los puertos,
flotaban sobre el mundo,
sin sitio todavía:
esperaban que tú
les dijeses: «Aquí»,
para lanzar los barcos,
las máquinas, las fiestas.
Máquinas impacientes
de sin destino, aún;
porque harían la luz
si tú se lo mandabas,
o las noches de otoño
si las querías tú.
Los verbos, indecisos,
te miraban los ojos
como los perros fieles,

trémulos. Tu mandato
iba a marcarles ya
sus rumbos, sus acciones.
¿Subir? Se estremecía
su energía ignorante.
¿Sería ir hacia arriba
«subir»? ¿E ir hacia dónde
sería «descender»?
Con mensajes de antípodas,
a luceros, tu orden
iba a darles conciencia
súbita de su ser,
de volar o arrastrarse.
El gran mundo vacío,
sin empleo, delante
de ti estaba: su impulso
se lo darías tú.
Y junto a ti, vacante,
por nacer, anheloso,
con los ojos cerrados,
preparado y al cuerpo
para el dolor y el beso,
con la sangre en su sitio,
yo, esperando
—¡ay, si no me mirabas!—
a que tú me quisieses
y me dijeras: «Ya».

Para vivir no quiero
islas, palacios, torres.
¡Qué alegría más alta:
vivir en los pronombres!
Quítate ya los trajes,
las señas, los retratos;
yo no te quiero así,
disfrazada de otra,
hija siempre de algo.

Te quiero pura, libre,
irreductible: tú.
Sé que cuando te llame
entre todas las gentes
del mundo,
sólo tú serás tú.
Y cuando me preguntes
quién es el que te llama,
el que te quiere suya,
enterraré los nombres,
los rótulos, la historia.
Iré rompiendo todo
lo que encima me echaron
desde antes de nacer.
Y vuelto ya el anónimo
eterno del desnudo,
de la piedra, del mundo,
te diré:
«Yo te quiero, soy yo.»

Todo dice que sí.
Sí el cielo, lo azul,
y sí lo azul del mar,
mares, cielos, azules
con espumas y brisas,
júbilos monosílabos
repiten sin parar.
Un sí contesta sí
a otro sí. Grandes diálogos
repetidos se oyen
por encima del mar
de mundo a mundo: sí.
Se leen por el aire
largos síes, relámpagos
de plumas de cigüeña,
tan de nieve que caen,
copo a copo, cubriendo

la Tierra de un enorme,
blanco sí. Es el gran día.
Podemos acercarnos
hoy a lo que no habla:
a la peña, al amor,
al hueso tras la frente:
son esclavos del sí.
Es la sola palabra
que hoy les concede el mundo.
Alma, pronto, a pedir,
a aprovechar la máxima
locura momentánea,
a pedir esas cosas
imposibles, pedidas,
calladas, tantas veces,
tanto tiempo, y que hoy
pediremos a gritos.
Seguros por un día
—hoy, nada más que hoy—
de que los «no» eran falsos,
apariencias, retrasos,
cortezas inocentes.
Y que estaba detrás,
despacio, madurándose,
al compás de esta ansia
que lo pedía en vano,
la gran delicia: el sí.

Amor, amor, catástrofe.
¡Qué hundimiento del mundo!
Un gran horror a techos
quiebra columnas, tiempos;
los reemplaza por cielos
intemporales. Andas, ando
por entre escombros
de estíos y de inviernos
derrumbados. Se extinguen
las normas y los pesos.

Toda hacia atrás la vida
se va quitando siglos,
frenética, de encima;
desteje, galopando,
su curso, lento antes;
se desvive de ansia
de borrarse la historia,
de no ser más que el puro
anhelo de empezarse
otra vez. El futuro
se llama ayer. Ayer
oculto, secretísimo,
que se nos olvidó
y hay que reconquistar
con la sangre y el alma,
detrás de aquellos otros
ayeres conocidos.
¡Atrás y siempre atrás!
¡Retrocesos, en vértigo,
por dentro, hacia el mañana!
¡Que caiga todo! Ya
lo siento apenas. Vamos,
a fuerza de besar,
inventando las ruinas
del mundo, de la mano
tú y yo
por entre el gran fracaso
de la flor y del orden.
Y ya siento entre tactos,
entre abrazos, tu piel
que me entrega el retorno
al palpitar primero,
sin luz, antes del mundo,
total, sin forma, caos.

¡Sí, todo con exceso:
la luz, la vida, el mar!

Plural, todo plural,
luces, vidas y mares.
A subir, a ascender
de docenas a cientos,
de cientos a millar,
en una jubilosa
repetición sin fin
de tu amor, unidad.
Tablas, plumas y máquinas,
todo a multiplicar,
caricia por caricia,
abrazo por volcán.
Hay que cansar los números.
Que cuenten sin parar,
que se embriaguen contando,
y que no sepan ya
cuál de ellos será el último:
¡qué vivir sin final!
Que un gran tropel de ceros
asalte nuestras dichas
esbeltas, al pasar,
y las lleve a su cima.
Que se rompan las cifras,
sin poder calcular
ni el tiempo ni los besos.
Y al otro lado ya
de cómputos, de sinos,
entregarnos a ciegas
—¡exceso, que penúltimo!—
a un gran fondo azaroso
que irresistiblemente
está
contándonos a gritos
fúlgidos de futuro:
«Eso no es nada, aún.
Buscaos bien, hay más.»

¡Qué alegría, vivir
sintiéndose vivido! [29]
Rendirse
a la gran certidumbre, oscuramente,
de que otro ser, fuera de mí, muy lejos,
me está viviendo.
Que cuando los espejos, los espías
—azogues, almas cortas—, aseguran [30]
que estoy aquí, yo inmóvil,
con los ojos cerrados y los labios,
negándome al amor
de la luz, de la flor y de los nombres,
la verdad trasvisible es que camino
sin mis pasos, con otros,
allá lejos, y allí
estoy buscando flores, luces, hablo.
Que hay otro ser por el que miro el mundo
porque me está queriendo con sus ojos.
Que hay otra voz con la que digo cosas
no sospechadas por mi gran silencio;
y es que también me quiere con su voz.
La vida —¡qué transporte ya!—, ignorancia
de lo que son mis actos, que ella hace,
en que ella vive, doble, suya y mía.
Y cuando ella me hable
de un cielo oscuro, de un paisaje blanco,
recordaré
estrellas que no vi, que ella miraba,
y nieve que nevaba allá en su cielo.
Con la extraña delicia de acordarse
de haber tocado lo que no toqué
sino con esas manos que no alcanzo
a coger con las mías, tan distantes.

---

[29]   *P.C.:* Qué alegría, vivir
          sintiéndose vivido.
[30]   *P.C.:* azogues, almas cortas, aseguran

Y todo enajenado podrá el cuerpo
descansar, quieto, muerto ya. Morirse
en la alta confianza
de que este vivir mío no era sólo
mi vivir: era el nuestro. Y que me vive
otro ser por detrás de la no muerte.

El sueño es una larga
despedida de ti.
¡Qué gran vida contigo,
en pie, alerta en el sueño!
¡Dormir el mundo, el sol,
las hormigas, las horas,
todo, todo dormido,
en el sueño que duermo!
Menos tú, tú la única,
viva, sobrevivida,
en el sueño que sueño [31].
Pero sí, despedida:
voy a dejarte. Cerca,
la mañana prepara
toda su precisión
de rayos y de risas.
¡Afuera, afuera, ya,
lo soñado, flotante,
marchando sobre el mundo,
sin poderlo pisar
porque no tiene sitio,
desesperadamente!

Te abrazo por vez última:
eso es abrir los ojos.
Ya está. Las verticales
entran a trabajar,
sin un desmayo, en reglas.

---

[31] *P.C.:* Tras este verso, separación estrófica.

Los colores ejercen
sus oficios de azul,
de rosa, de verde, todos
a la hora en punto. El mundo
va a funcionar hoy bien:
me ha matado ya el sueño.
Te siento huir, ligera,
de la aurora, exactísima,
hacia arriba, buscando
la que no se ve estrella,
el desorden celeste,
que es sólo donde cabes.
Luego cuando despierto,
no te conozco, casi,
cuando, a mi lado, tiendes
los brazos hacia mí
diciendo: «¿Qué soñaste?»
Y te contestaría. «No sé,
se me ha olvidado» [32]
si no estuviera ya
tu cuerpo limpio, exacto,
ofreciéndome en labios
el gran error del día.
¡Qué cruce en tu muñeca
del tiempo contra el tiempo!
Reló, frío, enroscado
acechador espera
el paso de tu sangre
en el pulso. Te oprimen
órdenes, desde fuera:
tic tac, tic tac,
la voz, allí, en la máquina.
A tu vida infinita,

---

[32] *P.C.:* Y te contestaría:
      «No sé, se me ha olvidado»,

sin término, echan lazos
pueriles los segundos.
Pero tu corazón
allá lejos afirma
—sangre yendo y viniendo
en ti, con tu querer—
su ser, su ritmo, otro.
No. Los días, el tiempo,
no te serán contados
nunca en esfera blanca,
tres, cuatro, cinco, seis.
Tus perezas, tus prontos,
no se pueden cifrar.
Siéntelos tú, desnuda
de reló, en la muñeca:
latido contra número.
¿Amor? ¿Vivir? Atiende
al tic tac diminuto
que hace ya veinte años
sonó por vez primera
en una carne virgen
del tacto de la luz,
para llevarle al mundo
una cuenta distinta,
única, nueva: tú.

Horizontal, sí, te quiero.
Mírale la cara al cielo,
de cara. Déjate ya
de fingir un equilibrio
donde lloramos tú y yo.
Ríndete
a la gran verdad final,
a lo que has de ser conmigo,
tendida ya, paralela,
en la muerte o en el beso.
Horizontal es la noche

en el mar, gran masa trémula
sobre la tierra acostada,
vencida sobre la playa.
El estar de pie, mentira:
sólo correr o tenderse.
Y lo que tú y yo queremos
y el día —ya tan cansado
de estar con su luz, derecho—
es que nos llegue, viviendo
y con temblor de morir,
en lo más alto del beso,
ese quedarse rendidos
por el amor más ingrávido,
al peso de ser de tierra,
materia, carne de vida.
En la noche y la trasnoche,
y el amor y el trasamor,
ya cambiados
en horizontes finales,
tú y yo, de nosotros mismos.

Lo que eres
me distrae de lo que dices.

Lanzas palabras veloces,
empavesadas de risas,
invitándome
a ir donde ellas me lleven.
No te atiendo, no la sigo:
estoy mirando
los labios donde nacieron.

Miras de pronto a lo lejos.
Clavas la mirada allí,
no sé en qué, y se te dispara
a buscarlo ya tu alma
afilada de saeta.

Yo no miro adonde miras:
yo te estoy viendo mirar.

Y cuando deseas algo
no pienso en lo que tú quieres,
ni lo envidio: es lo de menos.
Lo quieres hoy, lo deseas;
mañana lo olvidarás
por una querencia nueva.
No. Te espero más allá
de los fines y los términos.
En lo que no ha de pasar
me quedo, en el puro acto
de tu deseo, queriéndote.
Y no quiero ya otra cosa
más que verte a ti querer.

Ayer te besé en los labios.
Te besé en los labios. Densos,
rojos. Fue un beso tan corto
que duró más que un relámpago,
que un milagro, más.
El tiempo [33]
después de dártelo
no lo quise para nada
ya, para nada
lo había querido antes.
Se empezó se acabó en él.

Hoy estoy besando un beso;
estoy solo con mis labios.
Los pongo

---

[33] *P.C.:* que un milagro más.

                    El tiempo
           después de dártelo

no en tu boca, no, ya no
—¿adónde se me ha escapado?—.
Los pongo
en el beso que te di
ayer, en las bocas juntas
del beso que se besaron.
Y dura este beso más
que el silencio, que la luz.
Porque ya no es una carne
ni una boca lo que beso,
que se escapa, que me huye.
No.
Te estoy besando más lejos.

¡Qué entera cae la piedra!
Nada disiente en ella
de su destino, de su ley: el suelo.
No te expliques tu amor, ni me lo expliques;
obedecerlo basta. Cierra
los ojos, las preguntas, húndete
en tu querer, la ley anticipando
por voluntad, llenándolo de síes,
de banderas, de gozos,
ese otro hundirse que detrás aguarda,
de la muerte fatal. Mejor no amarse
mirándose en espejos complacidos,
deshaciendo
esa gran unidad en juegos vanos:
mejor no amarse
con alas, por el aire,
como las mariposas o las nubes,
flotantes. Busca pesos,
los más hondos, en ti, que ellos te arrastren
a ese gran centro donde yo te espero.
Amor total, quererse como masas.

¡Qué probable eres tú!
Si los ojos me dicen,
mirándote, que no,
que no eres de verdad,
las manos y los labios,
con los ojos cerrados,
recorren tiernas pruebas:
la lenta convicción
de tu ser va ascendiendo
por escala de tactos,
de bocas, carne y carne.
Si tampoco lo creo,
algo más denso ya
más palpable, la voz
con que dices: «Te quiero»,
lucha para afirmarte
contra mi duda. Al lado
un cuerpo besa, abraza,
frenético, buscándose
su realidad aquí,
en mí, que no la creo;
besa
para lograr su vida
todavía indecisa,
puro milagro, en mí.
Y lentamente vas
formándote tú misma,
naciéndote,
dentro de tu querer,
de mi querer, confusos,
como se forma el día
en la gran duda oscura.
Y agoniza la antigua
criatura dudosa
que tú dejas atrás,
inútil ser de antes,
para que surja al fin
la irrefutable tú,

desnuda Venus cierta,
entre auroras segura,
que se gana a sí misma
su nuevo ser, queriéndome.

Perdóname por ir así buscándote
tan torpemente, dentro
de ti.
Perdóname el dolor, alguna vez.
Es que quiero sacar
de ti tu mejor tú.
Ése que no te viste y que yo veo,
nadador por tu fondo, preciosísimo.
Y cogerlo
y tenerlo yo en alto como tiene
el árbol la luz última
que le ha encontrado al sol.
Y entonces tú
en su busca vendrías, a lo alto.
Para llegar a él
subida sobre ti, como te quiero,
tocando ya tan sólo a tu pasado
con las puntas rosadas de tus pies,
en tensión todo el cuerpo, ya ascendiendo
de ti a ti misma.

Y que a mi amor entonces le conteste
la nueva criatura que tú eras.

La noche es la gran duda
del mundo y de tu amor.
Necesito que el día
que es el día, que es él,
que es la luz: y allí tú.
Ese enorme hundimiento
de mármoles y cañas,

ese gran despintarse
del ala y de la flor:
la noche; la amenaza
ya de una abolición
del color y de ti,
me hace tamblar: ¿la nada?
¿Me quisiste una vez?
Y mientras tú te callas
y es de noche, no sé
si luz, amor existen.
Necesito el milagro
insólito: otro día
y tu voz, confirmándome
el prodigio de siempre.
Y aunque te calles tú,
en la enorme distancia,
la aurora por lo menos,
la aurora, sí. La luz
que ella me traiga hoy
será el gran sí del mundo
al amor que te tengo.

Se te está viendo la otra.
Se parece a ti:
los pasos, el mismo ceño,
los mismos tacones altos
todos manchados de estrellas.
Cuando vayáis por la calle
juntas, las dos,
¡qué difícil el saber
quién eres, quién no eres tú!
Tan iguales ya, que sea
imposible vivir más
así, siendo tan iguales.
Y como tú eres la frágil,
la apenas siendo, tiernísima,
tú tienes que ser la muerta.

Tú dejarás que te mate,
que siga viviendo ella,
embustera, falsa tú,
pero tan igual a ti
que nadie se acordará
sino yo de lo que eras.
Y vendrá un día
—porque vendrá, sí, vendrá—
en que al mirarme a los ojos
tú verás
que pienso en ella y la quiero:
tú veas que no eres tú.

La frente es más segura.
Los labios ceden, rinden
su forma al otro labio
que los viene a besar.
Nos creemos
que allí se aprieta el mundo,
que se cierran
el final y el principio:
engañan sin querer.
Pero la frente es dura;
por detrás de la carne
está, rígida, eterna,
la respuesta inflexible,
monosílaba, el hueso.
Se maduran los mundos
tras de su fortaleza.
Nada se puede ver
ni tocar. Sonrosada
o morena, la piel
disfraza levemente
la defensa absoluta
del ser último. Besos
me entregas y dulzuras
esenciales del mundo,

en su fruto redondo,
aquí en los labios. Pero
cuando toco tu frente
con mi frente, te siento
la amada más distante,
la más última, ésa
que ha de durar, secreta,
cuando pasen los labios,
sus besos. Salvación
—fría, dura en la tierra— [34]
del gran contacto ardiente
que esta noche consume.

Me estoy labrando tu sombra.
La tengo ya sin los labios,
rojos y duros: ardían.
Te los habría besado
aún mucho más.

Luego te paro los brazos
rápidos, largos, nerviosos.
Me ofrecían el camino
para que yo te estrechara.

Te arranco el color, el bulto.
Te mato el paso. Venías
derecha a mí. Lo que más
pena me ha dado, al callártela,
en tu voz. Densa, tan cálida,
más palpable que tu cuerpo.
Pero ya iba a traicionarnos [35].

---

[34] *P.C.:* fría, dura en la tierra,
[35] *P.C.:* Separación estrófica tras este verso.

Así
mi amor está libre, suelto,
con tu sombra descarnada.
Y puedo vivir en ti
sin temor
a lo que yo más deseo,
a tu beso, a tus abrazos.
Estar ya siempre pensando
en los labios, en la voz,
en el cuerpo,
que yo mismo te arranqué
para poder, ya sin ellos,
quererte.
¡Yo, que los quería tanto!
Y estrechar sin fin, sin pena
—mientras se va inasidera,
con mi gran amor detrás,
la carne por su camino—
tu solo cuerpo posible:
tu dulce cuerpo pensado.

Tú no las puedes ver;
yo, sí.
Claras, redondas, tibias.
Despacio
se van a su destino;
despacio, por marcharse
más tarde de tu carne.
Se van a nada; son
eso no más, su curso.
Y una huella, a lo largo,
que se borra en seguida.
¿Astros?

Tú
no las puedes besar [36].
Las beso yo por ti.
Sabes; tienen sabor
a los zumos del mundo.
¡Qué gusto negro y denso
a tierra, a sol, a mar!
Se quedan un momento
en el beso, indecisas
entre tu carne fría
y mis labios; por fin
las arranco. Y no sé
si es que eran para mí.
Porque yo no sé nada.
¿Son estrellas, son signos,
son condenas o auroras?
Ni en mirar ni en besar
aprendí lo que eran.
Lo que quieren se queda
allá atrás, todo incógnito.
Y su nombre también.
(Si las llamara lágrimas
nadie me entendería.)

No quiero que te vayas,
dolor, última forma
de amar. Me estoy sintiendo
vivir cuando me dueles
no en ti, ni aquí, más lejos:
en la tierra, en el año
de donde vienes tú,
en el amor con ella
y todo lo que fue.
En esa realidad

---

[36]   *P.C.:* Tú.
         No las puedes besar.

hundida que se niega
a sí misma y se empeña
en que nunca ha existido,
que sólo fue un pretexto
mío para vivir.
Si tú no me quedaras,
dolor, irrefutable,
yo me lo creería;
pero me quedas tú.
Tu verdad me asegura
que nada fue mentira.
Y mientras yo te sienta,
tú me serás, dolor,
la prueba de otra vida
en que no me dolías.
La gran prueba, a lo lejos,
de que existió, que existe,
de que me quiso, así,
de que aún la estoy queriendo.

¡Qué de pesos inmensos,
órbitas celestiales,
se apoyan
—maravilla, milagro—,
en aires, en ausencias,
en papeles, en nada!
Roca descansa en roca,
cuerpos yacen en cunas,
en tumbas; ni las islas
nos engañan, ficciones
de falsos paraísos,
flotantes sobre el agua.
Pero a ti, a ti, memoria
de un ayer que fue carne
tierna, materia viva,
y que ahora ya no es nada
más que peso infinito,

gravitación, ahogo,
dime, ¿quién te sostiene
si no es la esperanzada
soledad de la noche?
A ti, afán de retorno,
anhelo de que vuelvan
invariablemente,
exactas a sí mismas,
las acciones más nuevas
que se llaman futuro,
¿quién te va a sostener?
Signos y simulacros
trazados en papeles
blancos, verdes, azules,
querrían ser tu apoyo
eterno, ser tu suelo,
tu prometida tierra.
Pero luego, más tarde,
se rompen —unas manos—,
se deshacen, en tiempo,
polvo, dejando sólo
vagos rastros fugaces,
recuerdos, en las almas.
¡Sí, las almas finales!
¡Las últimas, las siempre
elegidas, tan débiles,
para sostén eterno
de los pesos más grandes!
Las almas, como alas
sosteniéndose solas
a fuerza de aleteo
desesperado, a fuerza
de no pararse nunca,
de volar, portadoras
por el aire, en el aire,
de aquello que se salva.

Lo encontraremos, sí.
Nuestro beso. ¿Será
en un lecho de nubes,
de vidrios o de ascuas?
¿Será
este minuto próximo,
o mañana, o el siglo
por venir, o en el borde
mismo ya del jamás?
¿Vivos, muertos? ¿Lo sabes?
¿Con tu carne y la mía,
con mi nombre y el tuyo?
¿O ha de ser ya con otros
labios, con otros nombres
y siglos después, esto
que está queriendo ser
hoy, aquí, desde ahora?
Eso no lo sabemos.
Sabemos que será.
Que en algo, sí, y en alguien
se tiene que cumplir
este amor que inventamos
sin tierra ni sin fecha
donde posarse ahora:
el gran amor en vilo.
Y que quizá, detrás
de telones de años,
un beso bajo cielos
que jamás hemos visto,
será, sin que lo sepan
esos que creen dárselo,
trascendido a su gloria,
el cumplirse, por fin,
de ese beso impaciente
que te veo esperando,
palpitante en los labios.
Hoy
nuestro beso, su lecho,
están sólo en la fe.

¿Las oyes cómo piden realidades,
ellas, desmelenadas, fieras,
ellas, las sombras que los dos forjamos
en este inmenso lecho de distancias?
Cansadas ya de infinitud, de tiempo
sin medida, de anónimo, heridas
por una gran nostalgia de materia,
piden límites, días, nombres.
No pueden
vivir así ya más: están al borde
del morir de las sombras, que es la nada.
Acude, ven conmigo.
Tiende tus manos, tiéndeles tu cuerpo.
Los dos les buscaremos
un color, una fecha, un pecho, un sol.
Que descansen en ti, sé tú su carne.
Se calmará su enorme ansia errante,
mientras las estrechamos
ávidamente entre los cuerpos nuestros
donde encuentren su paso y su reposo.
Se dormirán al fin en nuestro sueño
abrazado, abrazadas. Y así luego,
al separarnos, al nutrirnos sólo
de sombras, entre lejos,
ellas
tendrán recuerdos ya, tendrán pasado
de carne y hueso,
el tiempo que vivieron en nosotros.
Y su afanoso sueño
de sombras, otra vez, será el retorno
a esta corporeidad mortal y rosa
donde el amor inventa su infinito.

RAZÓN DE AMOR

POESÍA

[1936]

Ya está la ventana abierta.
Tenía que ser así
el día.
Azul el cielo, sí, azul
indudable, como anoche
le iban queriendo tus besos.
Henchida de luz de viento
y tensa igual que una vela
que lleva el día, velero
por los mundos, a su fin:
porque anoche tú quisiste
que tú y yo nos embarcáramos
en un alba que llegaba.
Tenía que ser así.
Y todo,
las aves de por el aire,
las olas de por el mar,
gozosamente animado:
con el ánima
misma que estaba latiendo
en las olas y los vuelos
nocturnos del abrazar.
Si los cielos iluminan
trasluces de paraíso,
islas de color de edén,
es que en las horas sin luz,
sin suelo, hemos anhelado
la tierra más inocente
y jardín para los dos.

Y el mundo es hoy como es hoy
porque lo querías tú,
porque anoche lo quisimos.
Un día
es el gran rastro de luz
que deja el amor detrás
cuando cruza por la noche,
sin él eterna, del mundo.
Es lo que quieren dos seres
si se quieren hacia un alba.
Porque un día nunca sale
de almanaques ni horizontes:
es la hechura sonrosada,
la forma viva del ansia
de dos almas en amor,
que entre abrazos, a lo largo
de la noche, beso a beso,
se buscan su claridad.
Al encontrarla amanece,
ya no es suya, ya es del mundo.
Y sin saber lo que hicieron,
los amantes
echan a andar por su obra,
que parece un día más.

¿Serás, amor,
un largo adiós que no se acaba?
Vivir, desde el principio, es separarse.
En el primer encuentro
con la luz, con los labios,
el corazón percibe la congoja
de tener que estar ciego y solo un día.
Amor es el retraso milagroso
de su término mismo:
es prolongar el hecho mágico
de que uno y uno sean dos, en contra
de la primera condena de la vida.

Con los besos,
con la pena y el pecho se conquistan
en afanosas lides, entre gozos
parecidos a juegos,
días, tierras, espacios fabulosos,
a la gran disyunción que está esperando,
hermana de la muerte o muerte misma.
Cada beso perfecto aparta el tiempo,
le echa hacia atrás, ensancha el mundo breve
donde puede besarse todavía.
Ni en el llegar, ni en el hallazgo
tiene el amor su cima:
es en la resistencia a separarse
en donde se le siente,
desnudo, altísimo, temblando.
Y la separación no es el momento
cuando brazos, o voces,
se despiden con señas materiales:
es de antes, de después [37].
Si se estrechan las manos, si se abraza,
nunca es para apartarse,
es porque el alma ciegamente siente
que la forma posible de estar juntos
es una despedida larga, clara.
Y que lo más seguro es el adiós.

¿En dónde está la salvación? ¿Lo sabes?
¿Vuela, corre, descansa, es árbol, nube?
¿Se la coge a puñados, como al mar,
o cae sobre nosotros en el sueño
sin despertar ya más, igual que muerte?
¿Nos salvaremos?
Suelta, escapada va,

---

[37] *P.C.*: se despiden con señas materiales.
       Es de antes, de después.

sin que se sepa dónde, si pisando
los cielos que miramos,
o bajo el techo que es la tierra nuestra,
inasequible, incierta, eterna,
jugando con nosotros
a será o no será.
Mas lo que sí sabemos es que todo,
las manos, y las bocas, y las almas,
ávidas y afiladas,
persiguiéndola están, siempre al acecho
de su paso en la alta madrugada,
por si cruzarse por las soledades
o por el beso con que se las quiebra.
Que unas alas
invisibles golpean
las paredes del día y de la noche,
animadas, cerniéndose,
volando a ras de tierra, y son las alas
del gran afán de salvación constante
de cuyo no cesar se está viviendo:
el ansia de salvarme, de salvarte,
de salvarnos a los dos, ilusionados
de estar salvando al mismo que nos salva.
Y que aunque su hecho mismo se nos niegue
—el arribo a las costas celestiales,
paraíso sin lugar, isla sin mapa,
donde viven felices los salvados—,
nos llenará la vida
este puro volar sin hora quieta,
este vivir buscándola:
y es ya la salvación querer salvarnos.

Antes vivías por el aire, el agua,
ligera, sin dolor, vivir de ala,
de quilla, de canción, gustos sin rastros.
Pero has vivido un día
todo el gran peso de la vida en mí.

Y ahora,
sobre la eternidad blanda del tiempo
—contorno irrevocable, lo que hiciste—
marcada está la seña de tu ser,
cuando encontró su dicha.
Y tu huella te sigue;
es huella de un vivir todo transido
de querer vivir más como fue ella.
No se está quieta, no, no se conforma
con su sino de ser señal de vida
que vivió y ya no vive:
corre tras ti, anhelosa
de existir otra vez, siente la trágica
fatalidad de ser no más que marca
de un cuerpo que se huyó, busca su cuerpo.
Sabes ya que no eres
hoy, aquí, en tu presente [38],
sino el recuerdo de tu planta un día
sobre la arena que llamamos tiempo.
Tú misma, que la hiciste,
eres hoy sólo huella de tu huella,
de aquella que marcaste entre mis brazos.
Ya nuestra realidad, los cuerpos éstos,
son menos de verdad que lo que hicieron
aquel día, y si viven
sólo es para esperar que los retorne
el don de imprimir marcas sobre el mundo.
Su anhelado futuro
tiene la forma exacta de una huella.

¿Acompañan las almas? ¿Se las siente?
¿O lo que te acompañan son dedales
minúsculos, de vidrio,

---

[38] *P.C.:* hoy, aquí, en tu presente

cárceles de las puertas, de las fugas,
rosadas, de los dedos?

¿Acompañan las ansias? ¿Y los «más»,
los «más», los «más» no te acompañan?
¿O tienen junto a ti sólo la música
tan mártir, destrozada
de chocar contra todas las esquinas
del mundo, la que tocan
desesperadamente, sin besar,
espectros, por la radio?

¿Acompañan las alas, o están lejos?
Y dime, ¿te acompaña
ese inmenso querer estar contigo
que se llama el amor o el telegrama?

¿O estás sola, sin otra compañía
que mirar muy despacio, con los ojos
arrasados de llanto, estampas viejas
de modas anticuadas, y sentirse desnuda,
sola, con tu desnudo prometido?

A ésa, a la que yo quiero,
no es a la que se da rindiéndose,
a la que se entrega cayendo
de fatiga, de peso muerto,
como el agua por la ley de lluvia,
hacia abajo, presa segura
de la tumba vaga del suelo.
A ésa, a la que yo quiero,
es a la que se entrega venciendo,
venciéndose,
desde su libertad saltando
por el ímpetu de la gana,
de la gana de amor, surtida,

surtidor o garza volante,
o disparada —la saeta—
sobre su pena victoriosa,
hacia arriba, ganando el cielo.

¡Cuánto tiempo fuiste dos!
Querías y no querías.
No eras como tu querer,
ni tu querer como tú.
¡Qué vaivén entre una y otra!
A los espejos del mundo,
al silencio, a los azares,
preguntabas
cuál sería la mejor.
Inconstante de ti misma,
siempre te estabas matando
tu mismo sí con tu no.
Y en el borde de los besos,
ni tu corazón ni el mío
sabían quién se acercaba:
si era la que tú querías
o la que quería yo.
Cuando estábais separadas,
como la flor de su flor,
¡qué lejos de ti tenía
que ir a buscarte el querer!
Él estaba por un lado.
Tú en otro.
Lo encontraba. Pero no
sabía estarme con él,
vivir así separados
o de tu amor o de ti.
Yo os quería a los dos.
Y por fin juntos está todo.
Cara a cara te miraste,
tu mirada en ti te vio:
eras ya la que querías.

Y ahora os beso a las dos
en ti sola.
Y esta paz de ser entero,
no sabe
el alma quién la ganó:
si es que tu amor se parece
a ti, de tanto quererte,
o es que tú,
de tanto estarle queriendo,
eres ya igual que tu amor.

Aquí,
en esta orilla blanca
del lecho donde duermes,
estoy al borde mismo
de tu sueño. Si diera
un paso más, caería
en sus ondas, rompiéndolo
como un cristal. Me sube
el calor de tu sueño
hasta el rostro. Tu hálito
te mide la andadura
del soñar: va despacio.
Un soplo alterno, leve,
me entrega ese tesoro
exactamente: el ritmo
de tu vivir soñando.
Miro. Veo la estofa
de que está hecho tu sueño.
La tienes sobre el cuerpo
como coraza ingrávida.
Te cerca de respeto.
A tu virgen te vuelves
toda entera, desnuda,
cuando te vas al sueño.
En la orilla se paran
las ansias y los besos:

esperan, ya sin prisa,
a que abriendo los ojos
renuncies a tu ser
invulnerable. Busco
tu sueño. Con mi alma
doblada sobre ti,
las miradas recorren,
traslúcida, tu carne
y apartan dulcemente
las señas corporales
por ver si hallan detrás
las formas de tu sueño.
No lo encuentran. Y entonces
pienso en tu sueño. Quiero
descifrarlo. Las cifras
no sirven, no es secreto.
Es sueño y no misterio.
Y de pronto, en el alto
silencio de la noche,
un soñar mío empieza
al borde de tu cuerpo;
en él el tuyo siento.
Tú dormida, yo en vela,
hacíamos lo mismo.
No había que buscar:
tu sueño era mi sueño.

Pensar en ti esta noche
no era pensarte con mi pensamiento,
yo solo, desde mí. Te iba pensando
conmigo, extensamente, el ancho mundo [39].
El gran sueño del campo, las estrellas,
callado el mar, las hierbas invisibles,
sólo presentes en perfumes secos,

---

[39] *P.C.:* Separación estrófica tras este verso.

todo,
de Aldebarán al grillo te pensaba.

¡Qué sosegadamente
se hacía la concordia
entre las piedras, los luceros,
el agua muda, la arboleda trémula,
todo lo inanimado,
y el alma mía
dedicándolo a ti! Todo acudía
dócil a mi llamada, a tu servicio,
ascendido a intención y a fuerza amante.
Concurrían las luces y las sombras
a la luz de quererte; concurrían
el gran silencio, por la tierra, plano,
suaves voces de nubes, por el cielo,
al cántico hacia ti que en mí cantaba.
Una conformidad de mundo y ser,
de afán y tiempo, inverosímil tregua,
se entraba en mí, como la dicha entera
cuando llega sin prisa, beso a beso.
Y casi
dejé de amarte por amarte más,
en más que en mí, inmensamente confiando [40]
ese empleo de amar a la gran noche
errante por el tiempo y ya cargada
de misión, misionera
de un amor vuelto estrellas, calma, mundo,
salvado ya del miedo
al cadáver que queda si se olvida.

¡Cuántos años
has estado fingiendo, tú, la oculta,
ser la aparente hija

---

[40]   *P.C.:* en más que en mí, confiando inmensamente

del mundo, de tus padres, de la tierra
en donde nació el tallo de tu voz!
El sol sobre tus hombros
los ponía morenos;
si el frío te estrechaba entre sus pieles
nítidas, tú temblabas.
Y parecías ser la criatura
de los azares,
esperarte a ti misma en cada día.
Dulce materia firme en la que el mundo,
con nieves o con sol, con pena o dicha,
se entretenía caprichosamente
en modelar prodigios, rostros y alma,
sin que tú hicieses nada
sino aceptarlos con sonrisas,
mirarlos en tu espejo,
e irte luego con ellos por la vida
como si fuesen tú. Tu cuerpo mismo
se figuraron que labrado estaba
con la materna leche, por el tiempo,
con el crecer, por exteriores leyes,
y vestido
por las sedas que pintan otras manos.
Pero un día en la frente,
en el pecho, en los labios,
metal ardiente, óleos, palabras encendidas
te tocaron y ahora
por fin te llamas tú.
Coronada de ti, de ti vestida,
lo que te cubre el alma que tú eras
no es ya la carne aquella, don paterno,
ni los trajes venales, ni la edad.
En la común materia
—ojos, gracia, bondad, esbelta pierna,
color de los cabellos, voz, bravura—
que en ti llevabas,
te has infundido tú, y a ti te has hecho.
Ya no recibes vida, tú la creas.

Tú, de tu propia criatura origen,
del vago simulacro de tu antes
te sacas tu nacer: recién nacida
voluntaria a vivir. Y ya no debes
nada —estás sin pasado—
a la tierra, o al mundo, o a otros seres.
Si acaso, besa agradecidamente
en los labios del aire de esta noche
—suelo de trébol, techo de luceros—
a la que te ha guiado, misteriosa
potencia del amor, hasta ti misma,
para que al fin pudieses ser tu alma.

¡Cómo me dejas que te piense!
Pensar en ti no lo hago solo, yo.
Pensar en ti es tenerte,
como el desnudo cuerpo ante los besos,
toda ante mí, entregada.
Siento cómo te das a mi memoria,
cómo te rindes al pensar ardiente,
tu gran consentimiento en la distancia.
Y más que consentir, más que entregarte,
me ayudas, vienes hasta mí, me enseñas
recuerdos en escorzo, me haces señas
con las delicias, vivas, del pasado,
invitándome.
Me dices desde allá
que hagamos lo que quiero
—unirnos— al pensarte.
Y entramos por el beso que me abres,
y pensamos en ti, los dos, yo solo.

Ahora te quiero
como el mar quiere a su agua:
desde afuera, por arriba,
haciéndose sin parar

con ella tormentas, fugas,
albergues, descansos, calmas.
¡Qué frenesí es, quererte!
¡Qué entusiasmo de olas altas,
y qué desmayos de espuma
van y vienen! Un tropel
de formas, hechas, deshechas,
galopan desmelenadas.
Pero detrás de sus flancos
está soñándose un sueño
de otra forma más profunda
de querer, que está allá abajo:
de no ser ya movimiento,
de acabar este vaivén,
este ir y venir, de cielos
a abismos, de hallar por fin
la inmóvil flor sin otoño
de un quererse quieto, quieto.
Más allá de ola y espuma
el querer busca su fondo.
Esa hondura donde el mar
hizo la paz con su agua
y están queriéndose ya
sin signo, sin movimiento.
Amor
tan sepultado en su ser,
tan entregado, tan quieto,
que nuestro querer en vida
se sintiese
seguro de no acabar
cuando terminan los besos,
las miradas, las señales.
Tan cierto de no morir
como está
el gran amor de los muertos.

Mundo de lo prometido,
agua.
Todo es posible en el agua.

Apoyado en la baranda,
el mundo que está detrás
en el agua se me aclara,
y lo busco
en el agua, con los ojos,
con el alma, por el agua.
La montaña, cuerpo en rosa
desnuda, dura de siglos,
se me enternece en lo verde
líquido, rompe cadenas,
se escapa,
dejando atrás su esqueleto,
ella fluyente, en el agua.
Los troncos rectos del árbol
entregan
su rectitud, ya cansada,
a las curvas tentaciones
de su reflejo en las ondas.
Y a las ramas, en enero,
—rebrillos de sol y espuma—,
les nacen hojas de agua.
Porque en el alma del río
no hay inviernos:
de su fondo le florecen
cada mañana, a la orilla
tiernas primaveras blandas.
Los vastos fondos del tiempo,
de las distancias, se alisan
y se olvidan de su drama:
separar.
Todo se junta y se aplana.
El cielo más alto vive
confundido con la yerba,
como en el amor de Dios.

Y el que tiene amor remoto
mira en el agua, a su alcance,
imagen, voz, fabulosas
presencias de lo que ama.
Las órdenes terrenales
su filo embotan en ondas,
se olvidan de que nos mandan;
podemos, libres, querer
lo querido, por el agua.
Oscilan los imposibles,
tan trémulos como cañas
en la orilla, y a la rosa
y a la vida se le pierden
espinas que se clavaban.
De recta que va, de alegre,
el agua hacia su destino,
el terror de lo futuro
en su ejemplo se desarma:
si ella llega, llegaremos,
ella, nosotros, los dos,
el gran término del ansia.
Lo difícil en la tierra,
por la tierra,
triunfa gozoso en el agua.
Y mientras se están negando
—no constante, terrenal—
besos, auroras, mañanas,
aquí, sobre el suelo firme,
el río seguro canta
los imposibles posibles,
de onda en onda, las promesas
de las dichas desatadas.

Todo lo niega la tierra,
pero todo se me da
en el agua, por el agua.

Dame tu libertad.
No quiero tu fatiga,
no, ni tus hojas secas,
tu sueño, ojos cerrados.
Ven a mí desde ti,
no desde tu cansancio
de ti. Quiero sentirla.
Tu libertad me trae,
igual que un viento universal,
un olor de maderas
remotas de tus muebles,
una bandada de visiones
que tú veías
cuando en el colmo de tu libertad
cerrabas ya los ojos.
¡Qué hermosa tú libre y en pie!
Si tú me das su libertad me das tus años
blancos, limpios y agudos como dientes,
me das el tiempo en que tú la gozabas.
Quiero sentirla como siente el agua
del puerto, pensativa,
en las quillas inmóviles
el alma mar, la turbulencia sacra.
Sentirla,
vuelo parado,
igual que en sosegado soto
siente la rama
donde el ave se posa,
el ardor de volar, la lucha terca
contra las dimensiones en azul.
Descánsala hoy en mí: la gozaré
con un temblor de hoja en que se paran
gotas del cielo al suelo.
La quiero
para soltarla, solamente.
No tengo cárcel para ti en mi ser.
Tu libertad te guarda para mí.
La soltaré otra vez, y por el cielo,

por el mar, por el tiempo,
veré cómo se marcha hacia su sino.
Si su sino soy yo, te está esperando.

Nadadora de noche, nadadora
entre olas y tinieblas.
Brazos blancos hundiéndose, naciendo,
con un ritmo
regidos por designios ignorados,
avanzas
contra la doble resistencia sorda
de oscuridad y mar, de mundo oscuro.
Al naufragar el día,
tú, pasajera
de travesías por abril y mayo,
te quisiste salvar, te estás salvando,
de la resignación, no de la muerte.
Se te rompen las olas, desbravadas,
hecho su asombro espuma,
arrepentidas ya de su milicia,
cuando tú las ofreces, como un pacto,
tu fuerte pecho virgen.
Se te rompen
las densas ondas anchas de la noche
contra ese afán de claridad que buscas,
brazada por brazada, y que levanta
un espumar altísimo en el cielo;
espumas de luceros, sí, de estrellas,
que te salpica el rostro
con un tumulto de constelaciones,
de mundos. Desafía
mares de siglos, siglos de tinieblas,
tu inocencia desnuda.
Y el rítmico ejercicio de tu cuerpo
soporta, empuja, salva
mucho más que tu carne. Así tu triunfo
tu fin será, y al cabo, traspasadas

la mar, la noche, las conformidades,
del otro lado ya del mundo negro,
en la playa del día que alborea,
morirás en la aurora que ganaste.

Entre el trino del pájaro
y el son grave del agua.
El trino se tenía
en la frágil garganta;
la garganta de un bulto
de plumas, en la rama,
y la rama en el aire
el aire, en cielo, en nada.
El agua iba rompiéndose
entre piedras. Quebrado
su fluir misterioso
en los guijos, clavada
a su lecho, apoyada
en la tierra, tocándola
lloraba
de tener que tocarla.
Tú vacilaste: era
la luz de la mañana.
Y yo, entre los dos cantos,
tu elección aguardaba.
¿Qué irías a escoger,
entre el trino del pájaro,
fugitivo capricho,
—escaparse, volarse—,
o los destinos fieles,
hacia su mar, del agua?

No canta el mirlo en la rama,
ni salta la espuma en el agua:
lo que salta, lo que canta
es el proyecto en el alma.

Las promesas tienen hoy
rubor de haber prometido
tan poco, de ser tan cortas;
se escapan hacia su más,
todas trémulas de alas.
Perfección casi imposible
de la perfección hallada,
en el beso que se da
se estremece de impaciencia
el beso que se prepara.
El mundo se nos acerca
a pedirnos que le hagamos
felices con nuestra dicha.
Horizontes y paisajes
vienen a vernos, nos miran,
se achican para caberte
en los ojos; las montañas
se truecan en piedrecillas
por si las coge tu mano,
y pierden su vida fría
en la vida de tu palma.
Leyes antiguas del mundo,
ser de roca, ser de agua,
indiferentes
se rompen porque las cosas
quieren vivirse también
en la ley de ser felices,
que en nosotros se proclama
jubilosamente.
Todo querría ser dos
porque somos dos. El mundo
seducido por el canto
del gran proyecto en el alma
se nos ofrece, nos da
rosas, brisas y coral,
innumerables materias
dóciles, esperanzadas
de que con ellas tú y yo

labremos
el gran amor de nosotros.
Coronándonos, la dicha
nos escoge, nos declara
capaces de creación
alegre. El mundo cansado
podría ser —él lo siente—,
si nosotros lo aceptamos
por cuerpo de nuestro amor,
recién nacido otra vez,
primogénito del gozo.
¿Le oyes
que se nos está ofreciendo
en flor, en roca y en aire?
Pero tú y yo resistimos
la tentación de su voz,
la lástima que nos da
su gran cuerpo sin empleo.
Allí se quedan las piedras,
las violetas, ajenas,
tan fáciles de morir,
esperando
otro amor que las redima.
No.
Nuestro proyecto cantante,
empinado, irresistible,
de su embriaguez en el alma,
no se labrará en los mármoles
ni con pétalos o sueños:
se hará carne en nuestra carne.
Le entregaremos alma y cuerpo
para que él sea y se viva.
Y sin ayuda del mundo,
de su bronce, de su arena,
tendrá forma en lo que ofrecen
nuestros dos seres unidos:
la pareja suficiente.
Y las dos vidas, viviendo

abrazadas,
serán la dócil materia
eterna, con que se labre
el gran proyecto del alma.

SALVACIÓN POR EL CUERPO

¿No lo oyes? Sobre el mundo,
eternamente errante
de vendaval, a brisas o a suspiro,
bajo el mundo,
tan poderosamente subterránea
que parece temblor, calor de tierra,
sin cesar, en su angustia desolada,
vuela o se arrastra el ansia de ser cuerpo.
Todo quiere ser cuerpo.
Mariposa, montaña,
ensayos son alternativos
de forma corporal, a un mismo anhelo:
cumplirse en la materia,
evadidas por fin del desolado
sino de almas errantes.
Los espacios vacíos, el gran aire,
esperan siempre, por dejar de serlo,
bultos que los ocupen. Horizontes
vigilan avizores, en los mares,
barcos que desalojen
con su gran tonelaje y con su música
alguna parte del vacío inmenso
que el aire es fatalmente;
y las aves
tienen el aire lleno de memorias.
¡Afán, afán de cuerpo!
Querer vivir es anhelar la carne,
donde se vive y por la que se muere.
Se busca oscuramente sin saberlo
un cuerpo, un cuerpo, un cuerpo.

Nuestro primer hallazgo es el nacer.
Si se nace
con los ojos cerrados, y los puños
rabiosamente voluntarios, es
porque siempre se nace de quererlo.
El cuerpo ya está aquí; pero se ignora,
como al olor de rosa se le olvida
la rosa. Le llevamos
al lado nuestro, se le mira
en los espejos, en las sombras.
Solamente costumbre. Un día
la infatigable sed de ser corpóreo
en nosotros irrumpe,
lo mismo que la luz, necesitada
de posarse en materia para verse
por el revés de sí, verse en su sombra.
Y como el cuerpo más cercano,
de todos los del mundo en este nuestro,
nos unimos con él, crédulos, fáciles,
ilusionados de que bastará
a nuestro afán de carne. Nuestro cuerpo
es el cuerpo primero en que vivimos,
y eso se llama juventud a veces.

Sí, es el primero y eran dieciséis
los años de la historia.
Agua fría en la piel,
zumo de mundo inédito en la boca,
locas carreras para nada, y luego
el cansancio feliz. Tibios presagios
sin rumbo el rostro corren,
disfrazados de ardores sin motivo.
Nos sospechamos nuestros labios, ya.
La primer soledad se siente en ellos.
¡Y qué asombrado es el reconocerse
en estas tentativas de presencia,
nosotros en nosotros, vagabundos
por el cuerpo soltero!

Alegremente fáciles,
se vive así en materia
que nada necesita, si no es ella,
igual que la inicial estrella de la noche,
tan suficientemente solitaria.
Así viven los seres
tiernamente llamados animales:
la gacela
está en bodas recientes con su cuerpo.

Pero luego supimos,
lo supimos tú y yo en el mismo día,
que un cuerpo se busca
cuando se tiene ya y se está cansado
de su repetición y de su pulso,
sólo se encuentra en otro.
¿Con qué buscar los cuerpos?
Con los ojos se buscan, penetrantes,
en la alta madrugada, ese paisaje
del invierno del día, tan nevado;
en el lecho se buscan,
donde estoy solo, donde tú estarás.
La blancura vacía
se puebla de recuerdos no tenidos,
la recorren presagios sonrosados
de aquel rosado bulto que tú eras,
y brota, inmaterial masa de sueño,
tu inventada figura hasta que llegues.
Allí, en la oscura noche,
cuando el silencio lo permite todo
y parece la vida,
el oído con vela escucha
vaga respiración, suspiro en eco,
sospechas del estar un cuerpo al lado.
Porque un cuerpo —lo sabes y lo sé—
sólo está en su pareja.
Ya se encontró: con lentas claridades,
muy despacio.

¡Cómo desembocamos en el nuevo,
cuerpo con cuerpo igual que agua con agua,
corriendo juntos entre orillas
que se llaman los días más felices!
¡Cómo nos encontramos con el nuestro
allí en el otro, por querer huirlo!
Estaba allí esperándose, esperándonos:
un cuerpo es el destino de otro cuerpo.

Y ahora se le conoce, ya, clarísimo.
Después de tantas peregrinaciones,
por temblores, por nubes y por números,
estaba su verdad definitiva.
Traspasamos los límites antiguos.
La vida salta, al fin, sobre su carne,
por un gran soplo corporal henchidas
las nuevas velas:
atrás se cierra un mar y busca otro.
Encarnación final, y jubiloso
nacer, por fin, en dos, en la unidad
radiante de la vida, dos. Derrota
del solitario aquel nacer primero.
Arribo a nuestra carne trascorpórea,
al cuerpo, ya, del alma.
Y se quedan aquí tras el hallazgo
—milagroso final de besos lentos—,
rendidos nuestros bultos y estrechados,
sólo ya como prendas, como señas
de que a dos seres les sirvió esta carne
—por eso está tan trémula de dicha—
para encontrar, al cabo, al otro lado,
su cuerpo, el del amor, último y cierto.
Ese
que inútilmente esperarán las tumbas.

VERDAD DE DOS

Como él vivió de día, sólo un día,
no pudo ver más que la luz.
Se figuraba
que todo era de luz, de sol, de júbilo
seguro, que los pájaros
no pararían nunca de volar y que los síes
que las bocas decían
no tenían revés. La inexorable
declinación del sol hacia su muerte,
el alargarse de las sombras,
juego le parecieron inocente,
nunca presagio, triunfo lento, de lo oscuro.
Y aquel espacio de existir
medido por la luz,
del alba hasta el crepúsculo,
lo tomó por la vida.
Su sonrisa final le dijo al mundo
su confianza en que la vida era
la luz, el día,
la claridad en que existió.
Nunca vio las estrellas, ignorante
de aquellos corazones, tan sin número,
bajo el gran cielo azul que tiembla de ellos.

Ella, sí.
Nació al advenimiento de la noche,
de la primer tiniebla clara hija,
y en la noche vivió.
No sufrió los colores
ni el implacable frío de la luz.
Abrigada
en una vasta oscuridad caliente,
su alma no supo nunca
qué era lo oscuro, por vivir en ello.
Virgen murió de concebir las formas
exactas, las distancias, esas desigualdades

entre rectas y curvas, sangre y nieve,
tan imposibles, por fortuna, en esa
absoluta justicia de la noche.
Y ella vio las estrellas que él no vio.

Por eso
tú y yo, complacidos
de sus felicidades solitarias,
los hemos levantado
de su descanso y su vivir a medias.
Y viven en nosotros, ahora, heridos ya,
él por la sombra y ella por la luz,
y conocen la sangre y las angustias
que el alba abre en la noche y el crepúsculo
en el pecho del día, y el dolor
de no tener la luz que no se tiene
y el gozo de esperar la que vendrá.
Tú, la engañada
de claridad y yo de oscuridades,
cuando andábamos solos,
nos hemos entregado, al entregarnos
error y error, la trágica verdad
llamada mundo, tierra, amor, destino.
Y su rostro fatal se ve del todo
por lo que yo te he dado y tú me diste.
Al nacer nuestro amor se nos nació
su otro lado terrible, necesario,
la luz, la oscuridad.
Vamos hacia él los dos. Nunca más solos.
Mundo, verdad de dos, frutos de dos
verdad paradisíaca, agraz manzana,
sólo ganada en su sabor total
cuando terminan las virginidades
del día solo y de la noche sola.
Cuando arrojados
en el pecado que es vivir
enamorados de vivir, amándose,
hay que luchar la lucha que les cumple

a los que pierden paraísos claros
o tenebrosos paraísos,
para hallar otro edén donde se cruzan
luces y sombras juntos y la boca
al encontrar el beso encuentra al fin
esa terrible redondez del mundo.

LA FELICIDAD INMINENTE

Miedo, temblor en mí, en mi cuerpo:
temblor como de árbol cuando el aire
viene de abajo y entra en él por las raíces,
y no mueve las hojas, ni se le ve.
Terror terrible, inmóvil.
Es la felicidad. Está ya cerca.
Pegando el oído al cielo se la oiría
en su gran marcha subceleste, hollando nubes.
Ella la desmedida, remotísima,
se acerca aceleradamente,
a una velocidad de luz de estrella,
y tarda
todavía en llegar porque procede
de más allá de las constelaciones.
Ella, tan vaga e indecisa antes,
tiene escogido cuerpo, sitio y hora.
Me ha dicho: «Voy». Soy ya su destinada presa.
Suyo me siento antes de su llegada,
como el blanco se siente de la flecha,
apenas deja el arco, por el aire.
No queda el esperarla
indiferentemente, distraído,
con los ojos cerrados y jugando
a adivinar, entre los puntos cardinales,
cuál la prohijará. Siempre se tiene
que esperar a la dicha con los ojos
terriblemente abiertos:
insomnio ya sin fin si no llegara.

Por esa puerta por la que entran todos
franqueará su paso lo imposible,
vestida de un ser más que entre en mi cuarto.
En esta luz y no en luces soñadas,
en esta misma luz en donde ahora
se exalta en blanco el hueco de su ausencia,
ha de lucir su forma decisiva.
Dejará de llamarse
felicidad, nombre sin dueño. Apenas
llegue se inclinará sobre mi oído
y me dirá: «Me llamo...»
La llamaré así, siempre, aún no sé cómo,
y nunca más felicidad.

Me estremece
un gran temblor de víspera y de alba,
porque viene derecha, toda, a mí.
Su gran tumulto y desatada prisa
este pecho eligió para romperse en él,
igual que escoge cada mar
su playa o su cantil donde quebrarse.
Soy yo, no hay duda; el peso incalculable
que alas leves transportan y se llama
felicidad, en todos los idiomas
y en el trino del pájaro,
sobre mí caerá todo
como la luz del día entera cae
sobre los dos primeros ojos que la miran.
Escogido estoy ya para la hazaña
del gran gozo del mundo:
de soportar la dicha, de entregarla
todo lo que ella pide, carne, vida,
muerte, resurrección, rosa, mordisco;
de acostumbrarme a su caricia indómita,
a su rostro tan duro, a sus cabellos
desmelenados,
a la quemante lumbre, beso, abrazo,
entrega destructora de su cuerpo.

Lo fácil en el alma es lo que tiembla
al sentirla venir. Para que llegue
hay que irse preparando, uno por uno,
de costumbres, caprichos,
hasta quedarnos
vacantes, sueltos,
al vacar primitivo del ser recién nacidos,
para ella.
Quedarse bien desnudos,
tensas las fuerzas vírgenes
dormidas en el ser, nunca empleadas,
que ella, la dicha, sólo en el anuncio
de su ardiente inminencia galopante,
convoca y pone en pie [41].
Porque viene a luchar su lucha en mí.
Veo su doble rostro,
su doble ser partido, como el nuestro,
las dos mitades fieras, enfrentadas.
En mi temblor se siente su temblor,
su gran dolor de la unidad que sueña,
imposible unidad, la que buscamos,
ella en mí, en ella yo. Porque la dicha
quiere también su dicha.
Desgarrada en dos, llega con el miedo
de su divinidad inconquistable,
anhelante de verse conquistada.
Me necesita para ser dichosa,
lo mismo que a ella yo.
Lucha entre darse y no, partida alma;
su lidiar
lo sufrimos nosotros al tenerla.
Viene toda de amiga
porque soy necesario a su gran ansia
de ser
algo más que la idea de su vida;

---

[41] *P.C.:* Separación estrófica tras este verso.

como la rosa, vagabunda rosa
necesita posarse en un rosal,
y hacerse así feliz al florecerse.
Pero a su lado, inseparable doble,
una diosa humillada se retuerce,
toda enemiga de la carne esa
en que viene a buscar mortal apoyo.
Lucha consigo.
Los elegidos para ser felices
somos tan sólo carne
donde la dicha libra su combate.
Quiere quedarse e irse, se desgarra,
por sus heridas nuestra sangre brota,
ella, inmortal, se mueve en nuestras vidas,
y somos los cadáveres que deja.
Viva, ser viva, en algo humano quiere,
encarnarse, entregada; pero al fondo [42]
su indomable altivez de diosa pura
en el último don niega la entrega,
si no es por un minuto, fugacísima.
En un minuto sólo, pacto,
se la siente total y dicha nuestra.
Rendida en nuestro cuerpo,
ese diamente lúcido y soltero
que en los ojos le brilla,
rodará rostro abajo, tibio par,
mientras la boca dice: «Tenme».
Y ella, divino ser, logra su dicha
sólo cuando nosotros la logramos
en la Tierra, prestándola
los labios que no tiene. Así se calma
un instante su furia. Y ser felices
es el hacernos campo de sus paces.

---

[42] *P.C.:* encarnarse, entregada, pero al fondo

LARGO LAMENTO

[1936-1939]

PAREJA, ESPECTRO

Nunca agradeceremos
bastante a tu belleza
el habernos salvado
otra vez del diluvio:
cuando el agua subía
en el hervor terrible
de la primera cólera del mundo,
y tú en tu mano abierta
nos pusiste a los dos,
a ti y a mí, y alzándola
hasta cerca del cielo,
donde nunca ha llovido,
escapamos en ella
del amargo torrente
de cristal y pecados
en que tantos hermanos nuestros perecieron.

Nunca agradeceremos
bastante a tu belleza
un acto incomparable:
poder pisar la nieve.
Yo miraba asombrado
la blancura hecha mundo,
al despertar un día.
¿Quién, quién iba a atreverse

a pisar sobre ella
sin tener esas alas
con que nada se pisa?
Me cogiste la mano,
subimos a los últimos
pisos del arrebato.
Al volver cuatro huellas
sobre lo blanco hay.
¿Las nuestras? Imposible,
no anduvimos. Sí, nuestras.
Poner allí la planta,
es nuevo, nuevo, nuevo.
En nada se parece
a ponerla en la arena,
blanda como el cadáver
faltal de las promesas.
Ni a ponerla, lo mismo
que la pone el amor,
—inevitablemente,
porque su suelo es ése—,
en el pecho de un hombre,
sabiendo que lo ahoga.
Es igual que ir pisando
por el suelo del aire.
Y se sienten crujidos
tan dulces como en besos,
o en las sedas antiguas,
o en la fresa
que se deshace románticamente en la boca,
hacia el seis o el siete de mayo.

Nunca agradeceremos
bastante a tu belleza
el ofrecerme té a las cuatro, presentándome
a aquella dama interesante
que estaba retratada en un Museo
por un pintor abstracto,
y que me confesó

inclinando los ojos a la alfombra
persa del XVIII,
que nuestras almas iban
a entenderse muy pronto
y sin error alguno, gracias a...
(No me acuerdo de qué. ¿Gracias a qué, sería...?)
Teníamos los dos
rodajas de limón en el té. Y fue por eso
por lo que hablamos de los círculos dantescos,
escapando a la pena
de ser tan actuales
que la tarde otoño y los relojes
destilaban desde los cielos y pulseras.

Nunca agradeceremos
bastante a tu belleza
el haber libertado a Dafne,
después de tantos siglos de ser verde,
para suplir la falta de los pájaros.
(Habían huido todos al fondo de tus ojos
dejando al mundo
sin otro aletear que tus miradas.)
Y como siempre necesita el aire
tener algo que vuele por sus ámbitos
tú, comprendiendo el parecido
entre alas y follaje,
volar hiciste todas las hojas, por parejas,
igual que pájaros sin cuerpo, repoblando
los aires de averío;
y sin perder las alas trémulas en tus ojos
diste al viento el temblor que necesita.
Por lo cual ese año
las hojas no pasaron de lo verde.
Ni hubo una sola que cayera al suelo,
a mendigar melancolías.
Y nadie se dio cuenta del otoño.

Nunca agradeceremos

bastante a tu belleza
la rotura de los termómetros
cuando el azogue se volvió tan loco
allí en sus venas transparentes
que el corazón del mundo, su calor
se podía romper de latir tanto.
Tú me enseñaste con paciencia inmensa
a contar hasta el fin, del dos al tres,
del tres al cuatro, aquella tarde triste
cuando ya no teníamos qué decirnos y tú
empezando a contar correlativamente,
uno, dos, tres, cuatro, cinco...
descubriste los términos
de todo lo numérico,
el vacío del número. Y entonces
se abolió el gran dolor, la eterna duda
de saber si es que somos dos o uno;
uno queriendo ser dos, o lo contrario, dos,
que atraviesan por pruebas
arduas, como quererse o enlazarse,
en busca de ser uno, sólo uno.
Fácilmente comprendes la importancia
de haber traspuesto el numeral tormento
perdiéndonos, del todo y para siempre,
en esa selva virgen tan hermosa:
la imposibilidad de distinguirse.
En la cual no penetra nunca
ese raya del «tú» y del «yo»,
del «me quieres» y del «te quiero»;
todo el dolor de la primera y la segunda
persona, que separa
a dos personas para siempre
en las gramáticas y el mundo.

Y, sobre todo, nunca,
nunca agradeceremos
bastante a tu belleza
el habernos librado

de tu misma belleza, del terrible
influjo que podía haber tenido
sobre la calma de los mares, sobre Troya,
y sobre algunos pasos míos en la tierra.
Por eso ahora podemos
andar despacio por las calles
por donde todo el mundo corre,
sin que nadie se fije en que existimos.
Y al vernos, al pasar, en los cristales
de los escaparates, dos imágenes
tan parecidas a lo que querríamos
ser nosotros, sentir que nos gustamos,
así, cual dos artículos de lujo,
que se pueden comprar.
Y entrar en esa tienda
diciendo al dependiente en voz muy baja,
igual que a un confesor: «Queremos esa
mujer, y el hombre ese
que están ahí, en el escaparate.»
Y cuando nos responda atentamente:
«Aquí vendemos sólo catecismos y radios»,
comprender, sonriendo, nuestro error
comprar un aparato de ocho lámparas,
un catecismo, e irnos en seguida
a casa —si no se nos olvida dónde estaba—,
a buscar, hacia atrás, desde el jardín primero,
por la radio del tiempo
otros dúos de sombras:
de aquellos que empezaron nuestro canto.
Y si aún se rezagara alguna duda
en tu alma o en la mía,
el catecismo lo contesta todo,
con palabras más viejas que monedas,
que tú me lees, sin mover los labios:
«Mundo, demonio, carne... Fe, esperanza...»
Y pasamos la noche,
tranquilos, distraídos
de tu inmensa belleza.

Como si tú no la llevaras
encima, fatalmente, sin descanso.
Como si no estuvieran esperándola
las blancas superficies de una cama,
o las almas —más blancas— de unos ángeles
donde sueles dormir algunas veces,
mientras que yo te miro, despierto, desde el mundo.

LA FALSA COMPAÑERA

Yo estaba descansando
de grandes soledades
en una tarde dulce
que parecía casi
tan tierna como un pecho.
Sobre mí, ¡qué cariño
vertían, entendiéndolo
todo, las mansas sombras
los rebrillos del agua,
los trinos, en lo alto!
¡Y de pronto la tarde
se acordó de sí misma
y me quitó su amparo!
¡Qué vuelta dio hacia ella!
¡Qué extática, mirándose
en su propia belleza,
se desprendió de aquel
pobre contacto humano,
que era yo, y me dejó,
también ella, olvidado!
El cielo se marchó
gozoso, a grandes saltos
—azules, grises, rosas—,
a alguna misteriosa
cita con otro cielo
en la que le esperaba
algo más que la pena

de estos ojos de hombre
que le estaban mirando.
Se escapó tan de prisa
que un momento después
ya ni siquiera pude
tocarlo con la mano.
Los árboles llamaron
su alegría hacia adentro;
no pude confundir
a sus ramas con brazos
que a mi dolor se abrían.
Toda su vida fue
a hundirse en las raíces:
egoísmo del árbol.
La lámina del lago,
negándome mi estampa,
me dejó abandonado
a este cuerpo hipotético,
sin la gran fe de vida
que da el agua serena
al que no está seguro
de si vive y la mira.
Todo se fue. Los píos
más claros de los pájaros
ya no los comprendía.
Inteligibles eran
para otras aves; ya
sin cifra para el alma.
Yo estaba solo, solo.
Solo con mi silencio;
solo, si lo rompía,
también, con mis palabras.
Todo era ajeno, todo
se marchaba a un quehacer
incógnito y remoto,
en la tierra profunda,
en los cielos lejanos.
Implacable, la tarde

me estaba devolviendo
lo que fingió quitarme
antes: mi soledad.
Y entre reflejos, vientos,
cánticos y arreboles,
se marchó hacia sus fiestas
trascelestes, divinas,
salvada ya de aquella
tentación de un instante
de compartir la pena
que un mortal le llevaba.
Aún volvió la cabeza;
y me dijo, al marcharse
que yo era sólo un hombre,
que buscara a los míos.
Y empecé, cuesta arriba,
despacio, mi retorno
al triste techo oscuro
de mí mismo: a mi alma.
El aire parecía
un inmenso abandono [43].

LA MEMORIA EN LAS MANOS

Hoy son las manos la memoria.
El alma no se acuerda, está dolida
de tanto recordar. Pero en las manos
queda el recuerdo de lo que han tenido.

Recuerdo de una piedra
que hubo junto a un arroyo
y que cogimos distraídamente
sin darnos cuenta de nuestra ventura.

---

[43] *P.C.* no da estos dos últimos versos, que sí figuran en la edición de *Largo lamento* de Soledad Salinas (1990).

Pero su peso áspero,
sentir nos hace que por fin cogimos
el fruto más hermoso de los tiempos.
A tiempo sabe
el peso de una piedra entre las manos.
En una piedra está
la paciencia del mundo, madurada despacio.
Incalculable suma
de días y de noches, sol y agua
la que costó esta forma torpe y dura
que acariciar no sabe y acompaña
tan sólo con su peso, oscuramente.
Se estuvo siempre quieta,
sin buscar, encerrada,
en una voluntad densa y constante
de no volar como la mariposa,
de no ser bella, como el lirio,
para salvar de envidias su pureza.
¡Cuántos esbeltos lirios, cuántas gráciles
libélulas se han muerto, allí, a su lado
por correr tanto hacia la primavera!
Ella supo esperar sin pedir nada
más que la eternidad de su ser puro.
Por renunciar al pétalo, y al vuelo,
está viva y me enseña
que un amor debe estarse quizá quieto, muy quieto,
soltar las falsas alas de la prisa,
y derrotar así su propia muerte.

También recuerdan ellas, mis manos,
haber tenido una cabeza amada entre sus palmas.
Nada más misterioso en este mundo.
Los dedos reconocen los cabellos
lentamente, uno a uno, como hojas
de calendario: son recuerdos
de otros tantos, también inumerables
días felices,
dóciles al amor que los revive.

Pero al palpar la forma inexorable
que detrás de la carne nos resiste
las palmas ya se quedan ciegas.
No son caricias, no, lo que repiten
pasando y repasando sobre el hueso:
son preguntas sin fin, son infinitas
angustias hechas tactos ardorosos.
Y nada les contesta: una sospecha
de que todo se escapa y se nos huye
cuando entre nuestras manos lo oprimimos
nos sube del calor de aquella frente.
La cabeza se entrega. ¿Es la entrega absoluta?
El peso en nuestras manos lo insinúa,
los dedos se lo creen,
y quieren convencerse: palpan, palpan.
Pero una voz oscura tras la frente,
—¿nuestra frente o la suya?—
nos dice que el misterio más lejano,
porque está allí tan cerca, no se toca
con la carne mortal con que buscamos
allí, en la punta de los dedos,
la presencia invisible.
Teniendo una cabeza así cogida
nada se sabe, nada,
sino que está el futuro decidiendo
o nuestra vida o nuestra muerte,
tras esas pobres manos engañadas
por la hermosura de lo que sostienen.
Entre unas manos ciegas
que no pueden saber. Cuya fe única
está en ser buenas, en hacer caricias
sin cansarse, por ver si así se ganan
cuando ya la cabeza amada vuelva
a vivir otra vez sobre sus hombros,
y parezca que nada les queda entre las palmas,
el triunfo de no estar nunca vacías.

VOLVERSE SOMBRA

Estoy triste esta noche
porque soy lo que soy, como los árboles
que esclavizados a su tronco sufren
tanto a los lados de las carreteras
por esas pobres vidas
que podrían matar, si hay algún choque.
Estoy tan triste porque soy un hombre,
porque el hombre hace daño,
hace daño, hace daño.
Y eso sólo se sabe
en las noches de enero como esta,
en que la nieve quita
todas sus ilusiones al futuro,
y el mundo ya sin labios
parece todo blanco, una conciencia,
que grita fríamente esa luz cruda
que nos callamos tantos años
con la complicidad de muchos besos.

Un pájaro enjaulado me lo dijo:
el daño que hace el hombre a tantos pájaros
porque su canto es dulce
se llama jaula.

Una lámina triste de agua inmóvil
me lo dijo:
el daño que hace el hombre al agua,
orgía de sí misma, bailarina de oficio,
es pararla.

Entre cuatro paredes
le corta su destino y por las tardes
acude a los jardines
a hablar con sus amigas
de tanta pobre muerta allí extendida
con los ojos abiertos: los estanques.

Y el daño que hace el hombre
a los seres más tiernos
que nos arrancan siempre lágrimas
porque los vemos,
tan sólo con mirarlos a los ojos
—igual que a las gacelas y a las diosas—
a ellos y a su destino al mismo tiempo
está en enamorarse. Se llama amor.

Como la nieve es el confesonario
en donde la blancura,
esa indulgencia triste nos escucha
la noche entera, voy a confesarme:
nunca le robé al aire
un vuelo, ni su cántico;
no he hecho daño a las aves.
Nunca metí una mano en un arroyo
por no romperle su querencia al agua.
Pero a ti te he hecho daño, te he querido.
Tu hermosura empezó, yo hice lo otro:
el gran daño de amarte
que tú constantemente me perdonas.

Yo te he hecho daño. Tengo manos, míralas.
Cuando se quiere con los brazos,
sus músculos fatales,
con las manos, y sus dedos duros y sus uñas,
las estrellas más cándidas se asustan:
ya no hay jazmín seguro en los jardines,
ni seno a salvo en pecho de doncella.
Mis manos y mis brazos te han querido.
¡Cuántas veces mis manos
se quedaron tranquilas, en paz, puras,
saciadas de su sed por lo infinito,
tan sólo acariciándote las alas
que disimulan ciertas formas tuyas!
Y fueron ya manos felices, sí, manos felices
por tu gran parecido con la luna

cuando está llena y se la ve que tiene
un matiz sonrosado, el de tu carne.

Tengo unos labios. Mira. Yo recuerdo
que antes de conocerte,
es decir cuando Dios
no había separado todavía
la tierra de los mares,
tú andabas por tus labios,
yo por los míos, como si anduviéramos
por dos caminos diferentes.
Despacio yo, como indeciso día
que no renuncia a sol, a nube o viento,
sin saber lo que quiere, hasta que al fin
la noche le decide a la negrura.
Deprisa tú, saltando, tan derecha
como un aliento, que jamás vacila
porque hay que respirar. (Lo que vacila
está en el pecho, sí, pero a otro lado.)
Hasta que un día en que el azul estío
pareció no tener más herederos,
tus labios se olvidaron que eran tuyos
exactamente en ese punto mismo
del espacio y del tiempo
en que dejé por siempre de acordarme
de que los míos eran míos.
Desde entonces
no son míos ni tuyos, son ya nuestros:
y no hay para nosotros
más que un camino: el beso
que empezó aquella tarde y que termina
en una duda de si termina.
Perdóname en los labios,
si es que me has perdonado ya en las manos.
Y yo tengo un amor. Sí, míralo:
si traes los ojos con que yo te amo
y si las condiciones atmosféricas
permiten distinguir rayos de rayos,

a los cinco minutos de estar juntos
acaso puedas verle
cerrándote muy bien todos los huecos
del alma por donde entran
recuerdos de mazurkas y de valses:
porque el amor que yo te ofrezco es
como una oscuridad al principio y exige
cerrar el paso a tantas luces fáciles
para encontrar la suya, en las entrañas.
Tengo, tuve un amor. Y eso no es culpa
tuya, ni mía ni de nadie.
¿A quién podría echársele
la culpa de la sangre
por las venas oscuras o de esa
palabra que inventamos entre sueños?
Y como no hay amor ni ave que puedan
estar de vuelo siempre,
y toda ala de querer o pájaro
necesita posarse, te hice sufrir.
Por la misma razón que muchos pájaros
hacen sufrir a alguna rama,
mi amor se fue a posar en una fecha
que por curioso azar, tan inocente
como es el sino de la golondrina,
fue la misma en que tú
pusiste entre mis ojos y tu alma
la forma con que el mundo te distingue
de entre todas las otras fantasías
que quieren parecerse a ti, y fracasan.
Y por eso empezó el terrible daño
que hacen las manos y los labios
sobre todo las almas, cuando piden
amor y amor, a un día y a otro día:
necesitadas almas, como ojos
que al abrirse, mañana tras mañana
si no está allí la luz lloran de pena.
Ese daño que abril hace sufrir
a los jardines por la sed que tiene

de encontrar otra rosa entre las rosas.
Conocido dolor
que tanto nos fatiga
cuando ya son las once
y se quiere dormir en paz, tranquilos,
aunque sea en almohadas vacías
que no autorizan a esperar la aurora
tan confiadamente
como cuando se duerme
en la marea alta de algún pecho.
Perdóname en mi alma que te quiso,
si ya me perdonaste manos, labios.
Y ahora, después de confesarla tanto
he cogido la nieve
y la he visto morir, de mi calor
la prematura muerte que a la nieve
salva de la desgracia. Pero antes
al borde ya de su asunción al agua,
me dio un consejo y tengo que seguirle,
porque es de agonizante, es decir claro:
volverme sombra.

Volverse sombra es dulce para todos
los que han llorado por quererse tanto
al borde de un arroyo o en un coche.
Es dulce para el cuerpo suicida
que se deshace porque nazca ella.
Las manos de la sombra
pueden llamarse así, manos, tan sólo
porque acarician
con el tacto sin daño que jamás
aprendieron las manos corporales.
Las almas de las sombras
lo único ya que piden a lo amado
es irlo acompañando
tan delicadamente
que ya no duele nunca
estar solo o no estarlo,

y es porque no se sabe si lo estamos.
Su claro privilegio
es romper soledades en los labios
con que el amor las quiebra, nuevo beso.
Volverme sombra, sí,
porque la sombra no hace nunca daño.
O hace ese daño apenas perceptible,
hermano en su dulzura de los céfiros,
recordar, recordar sombras de sombras,
echar de menos lo que hacía daño,
y amar el dolor que nos hicimos,
y que ahora ya se llama de otro modo.
Y por eso no llores, si algún día
a la hora de la cita a que acudimos
con la puntualidad de lo astronómico,
en esa calle tan dorada siempre
por el derroche de oro del anuncio,
sientes, en vez del beso,
una aparente soledad y el trémulo
saludo que inclinándose
hacen las sombras por el aire
a aquello que han amado antes de serlo.

LA ROSA PURA

La rosa, la rosa pura.
Quiero mandarte la pura rosa.
La que no tiene símbolo ni signo.
La que no pese
porque recuerda un recuerdo.
La que no cante
porque se cogió con el gozo.
La que no tenga fecha,
fecha de hombre, fecha de número,
fecha de mundo:
la que sea su nacimiento puro
sucediendo a su mismo capullo.

La que no diga: «Me quieres», ni: «Te quiero.»
La que diga tan sólo: «Soy mis pétalos,
mi color, mi forma, soy la rosa pura. Tómame.»
La que no pida
que te la pongas en el pecho.
La que se contente con el encuentro
de su color y tus ojos,
de tu mirada, un instante.
Con el contacto
de su materia y tu vida: tu mano, un instante.
La que te deje vivir
sin rosas, si tú no quieres
tener la rosa en tu vida.

Me lavaré las manos
toda una noche entera en el agua
lenta y lustral de los ríos del sueño,
para cogerla de mañana antes
de que despierte la conciencia,
porque quiero cogerla con los dedos,
no quiero cogerla con un pensamiento.
Y si la cojo así y así te llega,
mis pies recordarán haber pisado
el paraíso, antes
del bien y el mal, de la mujer y el hombre.
Y yo seré una sombra,
y tú serás otra sombra,
sin otra realidad que la que crea
el ofrecernos una rosa pura.

DUEÑA DE TI MISMA

Una noche te vi tan inclinada
a abandonarte a ti
misma por unos astros,
que me brotaron voces repentinas
del pecho y te hablé así:

¿Qué van a hacer las hojas? Están presas
a las ramas del árbol;
se lloran a sí mismas,
como lágrimas verdes, cuando llueve.
Y el día que se sueltan,
como no tienen pies ni manos, son
del primer viento que las arrebata,
del punto cardinal que menos quieren.
Viven atormentadas y crujiendo
si un huracán las toma por amantes.
O son felices si un adolescente
céfiro retrasado
las coge por el talle, como novias
primeras y las lleva
por el espacio en valses lentos.
Su dolor será siempre
el sentirse sin pies y sin zapatos.
Porque un amor con los pies lo puede todo.
La luz no tiene manos.
Las luces rondan las cuadradas casas,
se detienen en quicios y en umbrales
esperando que alguien
abra o cierre casualmente una puerta
y las deje pasar.
A servir a los mismos ojos siempre.
Porque la luz de fuera, vasta, anónima
quiere ser luz de dentro y su gran dicha
es tener ya conciencia de sí misma
entre cuatro paredes, suelo y techo,
como la tiene el cuerpo humano
que al fin se encuentra con amantes brazos.
La pena de las luces
es que no tienen manos y no saben
si entrarán algún día bajo techo
o si la puerta en cuyo umbral están
es una de esas casas
abandonadas que jamás se abren.
¿Qué van a hacer las luces y las hojas

más que esperar a ciegas
sus destinos que nunca serán suyos?

Pero tú tienes pies, tienes zapatos
nuevos, quizá recuerdes
que los compramos juntos.
Tu andar tan firme enorgullece al suelo
y le deja sembrado de recuerdos,
cual si no fuera tierra.
Entonces di, ¿por qué te estás tendida
en las noches de enero en tu diván
oyendo anuncios de abstracciones por la radio
y presintiendo vendavales próximos?
¿O por qué sales al jardín vestida
toda de malva, como una hoja seca,
en busca de una brisa que te ame
despacio y con cariño?
No. Tus pasos son tuyos, sólo tuyos.
Tus pasos están llenos de caminos.
Álzate y quiere con los pies seguros
lo que has querido vacilante
hace ya muchos años con el pecho.
Sólo tu paso te hace o te deshace;
no los dioses
que fingen entre nubes vago imperio.
Yo que admiro tus piernas
tan esbeltas y claras como auroras
sé que uno de tus pasos
puede vencer a un dios antiguo.
Y que no hay fábula
más hermosa que un ser cuando camina
derecho a lo que quiere.
A veces es un tren, o es una tienda,
o es un baile de gala. A veces es
otro ser, escogido muy despacio.

Tú también tienes manos y conoces
la medida precisa de tus guantes.

Las cuidas lentamente
al despertar, todos los días
para que se terminen
como acaban las rosas.
Con ellas muchas veces estrechaste
sueños que parecían otras manos.
Entonces di ¿por qué miras al cielo
y deshojando las constelaciones
lucero por lucero dices
«Sí, no, sí, no»? Tu mano,
con cinco puntas como las estrellas,
marca nortes mejor que ningún astro.
Puede escribir las señas en los sobres,
abrirles los capullos a las rosas,
sacar de algún cajón algún olvido
y transformar las despedidas tanto,
diciendo adiós, que nadie se separe.
Y además de esas gracias esenciales,
tu mano firme puede
abrir la puerta al tiempo que aún no ha sido.
Lo puede si lo manda
un amor que descienda como sangre,
en donde ella ha nacido, de ella hermano,
a lo largo del brazo
que tanto admiran cuando vas de baile
entregándolo al aire,
los cisnes que te miran, melancólicos.
Y mejor que escrutar los horizontes,
sus intrincadas rayas sin sentido,
mira a tu palma y los verás allí,
horizontes de ti, líneas ciertas
que han nacido contigo.
Cierra la mano y sentirás en ella
latir, como un ave impaciente,
de vuelos en futuro,
las alas de tu suerte.

Mírate cara a cara. No te ocultes,

no me ocultes a mí, que ya los dioses
no tienen en sus manos nada tuyo.
Por eso yo no miro
ya a las nubes olímpicas, de mármol,
ni a las cifras, sin clave, por los cielos.
Y desde hace unos años
te miro a ti a las manos, a los pies.
Te miro más arriba, donde dioses
parejos, tus luceros
pueden negarlo o entregarlo todo.
No es el azul, el pardo, el gris, el negro
el color que te viste la mirada.
El color de tus ojos es de sino.

AMOR, MUNDO EN PELIGRO

Hay que tener cuidado,
mucho cuidado: el mundo
está muy débil, hoy,
y este día es el punto
más frágil de la vida.
Ni siquiera me atrevo
a pronunciar el nombre,
por si mi voz rompiera
ese encaje sutil
labrado por alternos
de sol y luna, rayos,
que es el pecho del aire.
Hay que soñar despacio:
nuestros sueños deciden
como si fueran pasos;
y detrás de ellos quedan
sus huellas, tan marcadas,
que el alma se estremece
al ver cómo ha llenado
la tierra de intenciones
que podrían ser tumbas
de nuestro gran intento.

Soñar casi en puntillas
porque la resonancia
de un sueño, o de un pie duro
en un suelo tan tierno
podría derribar
las fabulosas torres
de alguna Babilonia.

Hay que afinar los dedos:
hoy todo es de cristal
en cuanto lo cogemos.
Y una mano en la nuestra
quizá se vuelva polvo
antes de lo debido
si se la aprieta más
que a un recuerdo de carne.

Hay que parar las gotas
de la lluvia: al caer
en la tierra abrirían
hoyos como sepulcros;
porque el suelo es tan blando
que en él todo es entierro.
Parar, más todavía,
cuando estemos al borde
de algún lago de plata,
el afán de llorar
que su gran parecido
con un lago de plata
en nosotros provoca.
Sí, detener las lágrimas.
Si una lágrima cae
hoy con su peso inmenso
en un lago o en unos
ojos que nos querían
puede llegar tan hondo
que destruya los pájaros

del cielo más amado,
y, haciendo llover plumas,
llene toda la tierra
de fracasos de ala.
No hay que apartar la vista
de los juncos de azogue
donde el calor se mide.
Si el ardor sube mucho
en pechos o en termómetros,
puede arruinar la tierna
cosecha que prometen
tantas letras sembradas
en las cartas urgentes.

Vigilar, sobre todo,
a ella, a la aterradora
fuerza y beldad del mundo:
amor, amor, amor.
Esa que es grito y salto,
profesora de excesos,
modelo de arrebatos,
desatada bacante
que lleva el pelo suelto
para inquietar los aires,
esa
envidia de torrentes,
ejemplo de huracanes,
la favorita hija
de los dioses extremos
—amor, amor, amor—
que con su delirante
abrazo hace crujir
por detrás de la carne
que se deja estrechar
lo que más se resiste
en este cuerpo humano,
a ternura y a beso:

el destino final
del hombre: el esqueleto.
Amor, amor, amor.
¿Porque quién ha sabido
nunca, si hace o deshace?
¿Y si, cuando nos arde
es que nos alza a llama,
o nos quiere cenizas?
Por eso, el mundo, hoy débil,
la teme más que a nadie.
Y hay que dar el aviso
a todos los amantes
de que la vida está
al borde de romperse
si se siguen besando
como antes se besaban.
¡Que se apaguen las lumbres,
que se paren los labios,
que las voces no digan
ya más: «Te quiero»! ¡Que
un gran silencio reine,
una quietud redonda,
y se evite el desastre
que unos labios buscándose
traerían a esta suma
de aciertos que es la tierra!
Que apenas la mirada,
lo que hay más inocente
en el cuerpo del hombre,
se quede conservándole
al amor su futuro,
en esa leve estrella
que los ojos albergan
y que por ser tan pura
no puede romper nada.

Tan débil está el mundo
—cendales o cristales—

que hay que moverse en él
como en las ilusiones,
donde un amor se puede
morir si hacemos ruido.
Sólo
una trémula espera,
un respirar secreto,
una fe sin señales,
van a poder salvar
hoy,
la gran fragilidad
de este mundo.

Y la nuestra.

DE MARFIL O DE CUERPO

Tú, que tuviste brazos
como vías celestes
por donde descendían
los dioses a las horas
de nuestros dos relojes.

Tú, que tenías piernas
como dulces riberas
de algún río en estío,
frescas para el descanso
o sueño de la siesta.

¿Por qué te has convertido
en abanico antiguo?

Sí, mujer, o abanico:
ya te he dado el reposo
que tanto me pedías;
ya estás allí en tu estuche
o en tu vida de siempre.

Estuches de abanicos,
sonrosados por dentro:
tibios forros de raso
todos abullonados,
casi tumba o costumbre.
Cerrada estás, cerrada
sobre ti misma. Tú
que antes te desplegabas
con un tierno crujir
de tela, carne o hueso
para entregar tus cielos
de abanico o de alma
a mis últimos pájaros.

Tú, que al abrir tu amor
día por día, beso
por beso,
varilla por varilla
trazabas con tus líneas,
de mujer o abanico,
curvas de carne o aire
sobre el fondo del mundo,
ahora escoges la recta
solución de la tumba.
O tu estuche.

A la vida renuncias,
sí. La vida es un júbilo
que inventa redondeces:
astros, burbujas senos
en la tabla del pecho,
primaveras redondas,
cánticos que rebotan,
elásticos, y labios,
los labios siempre curvos.
Redonda noche, cielo
redondo, amor redondo:
los amantes aprenden
su gran geometría.

Tú supiste de curvas
oh mujer —o abanico—
y tu tela o tu carne,
lentamente agitadas,
despertaron las brisas
más secretas del mundo.
Por ti se estremecieron
las flores submarinas
y las hojas del álamo.
Cuando tú, por la noche
te abrías, como besos,
el día alboreaba
vibrante como un ala.

Todavía en tu estuche
hay unas tentaciones,
como pétalos viejos
de un ramo que llevaste.
Todavía te dejas
sacar de esa tu vida.
Y con tacto de sombra
voy probando de nuevo
a abrirte en nuestro mundo.
Muy despacio mi mano
mueve
tu materia dulcísima
de marfil o de cuerpo.
Y el aire, el soplo antiguo,
en esta luz de hoy,
como un ayer renace.
La seriedad compacta
de una vida entre rectas,
se rompe, vibra, canta:
salta el beso. Y prosigues
la misión más excelsa
en esta tierra triste:
temblar, hacer temblar.

Velas en los bajeles,
en las alas las plumas,
el ímpetu en el hombre,
las cuerdas en las harpas.

Pero como eres frágil,
se oye tu queja leve,
tu miedo a levantar
las altas tempestades.
Te obedezco, te cierro,
con cuidado infinito,
como si fueras vidrio,
o santa o explosivo.
Y te vuelvo a tu estuche,
—¿es tu vida o tu féretro?—
tan delicadamente
como si yo acostase
al más amado espectro
en un lecho de «déjame»
de «déjame» sin fondo.

[ERROR SENSIBLE FUE]

Error sensible fue
como abril mayo junio y sus estragos
irme fuera de mí. Me lo decían
los mejores maestros de mi infancia:
un ruiseñor que no cantó una sola noche,
una semilla que guardó su fruto,
aquel espejo viejo
de cuerpo entero, de mi casa,
y algunos otros egoísmos variados.
Pero yo, desoyéndoles,
di todo lo que podía dar. Salí.
Y no sé dónde estoy.
Miro a los globos de los niños, de colores,

miro a las frutas, los melocotones
cuya corteza no hace nunca daño
como ciertas mejillas. Y los abro
y paso por su pulpa tan deprisa
como por un placer desesperado;
su hueso abro,
y llego a la amargura de la almendra.
Escucho unas palabras que preguntan:
«¿Siempre, verdad que sí?»
y me recuerdan a mi voz, sin serlo.
Palpo
con las manos abiertas
el torso de la luz de la mañana,
o una hermosa cabeza de mujer;
y volviendo las palmas hacia arriba
recibo varias gotas de lluvia
y las miro, una a una,
a través de esa lupa poderosa
llamada la esperanza y que revela
que no hay nada en ninguna
mas que su semejanza con las lágrimas.
Y busco y busco, sobre todo allí
donde debía yo de estar si no recuerdo mal
antes de mi extravío;
en donde tan a gusto me sentía
que podía dormir tranquilamente
conmigo mismo al lado
pero no con mi cuerpo
sino en otro tan bello
que por su gran belleza ya no puedo
apartarme de estos lugares ni esta isla
a pesar de que sé que está vacío
el hoyo donde estuvo mi tesoro.
(La palabra tesoro
recuerda lo que soy: cuento perdido.)
Porque es muy triste que le ocurra a uno
lo que a la sombra de ese
cabello femenino suelto al viento:

reclinarse,
lleno de gozo ahora entre sus pechos
y a poco por un aire incomprensible,
y por la volubilidad del sol, sentirse
difícilmente sostenido apenas,
en un hombro, chocar con la clavícula
o retornar a la mata de pelo
donde todo cabello es un anónimo,
sin saber dónde está.
Todo porque salió fuera de sí
y se entregó a la luz y sus mudanzas.
Y es que a veces
uno querría saber en dónde está
y estar tranquilo, sin sufrir ya más
las tristes consecuencias
que tanto me recuerdan las mareas,
de haber dado lo poco que se tiene.
Y estar en algún sitio, estar; estar
aunque fuese instalado
cómodamente en un sillón
igual que en un crepúsculo con plumas,
hablando entre sorbo y sorbo
de algún aperitivo sin pasado
hecho todo de fechas exprimidas,
con aquella mujer
que suele viajar en coche verde,
y confundirse así con primaveras.
Y que tiene unos ojos
tan de bondad que creo que aún podría
darme razón de donde estoy, sí, darme
razón de mí. ¡Dios se lo pague!

[EL AIRE YA ES APENAS RESPIRABLE]

El aire ya es apenas respirable
porque no me contestas:
tú sabes bien que lo que yo respiro
son tus contestaciones. Y me ahogo.

La primera pregunta que te hice
fue cuando tú tenías
los brazos apoyados
en una barandilla de recuerdos,
una tarde inclinada
sobre ese lago azul que llevas dentro,
mirando a cuatro dudas
con plumaje de penas,
tan blancas y calladas como cisnes,
que lo surcaban, sin moverlo casi.
Tú mirabas la estampa
confusa de ti misma, te veías
en ella reflejada
pero con tal temblor, tan insegura
de tu propio existir, de lo que eras,
que te marchaste huyendo
a buscar en tu armario algún vestido
de denso terciopelo, y a probártelo.
Como está hecho a medida,
meter el cuerpo en él
es persuadirse unos instantes
por el consolador
y ajustado contacto de la tela,
de que se vive y de que somos algo
más que un reflejo trémulo
del que tenemos miedo, en aquel lago.
Y yo te pregunté: «¿Buscamos juntos?
Lo que se quiere hallar
en un agua tan vaga y tan borrosa
hay que buscarlo
por el aire hacia arriba.
Porque en lo hondo de un lago lo que hay siempre
es la copia de un ángel o de un dios,
la figura de un ser que allí se mira,
desde su verdadero ser celeste.
Y hay que buscarlo donde está; si buscas
como otras engañadas hacia abajo,

sólo te encontrarás ramas o piedras,
limo blando y sortijas oxidadas.
¿Quieres, di, que vayamos por los años,
los años del futuro, como cielos,
en busca de tu ángel?
¿Quieres que sea yo tu compañero
para lo mismo que en las golondrinas
un ala es compañera de otra ala?
Yo saldré por la vía
más rápida que haya,
dentro de un radiograma, si me aceptas.»
Comprendo tu silencio. La pregunta
la hice a seis mil kilómetros
y como hablé muy bajo
para que sólo tú me oyeses,
no me pudiste oír. Y continúas
probándote vestidos que te calman.

La segunda pregunta la escribí
el mes de octubre, en una hoja de árbol
que hay cerca de tu casa. Tú sentías
el otoño llegar, aquella tarde,
en grandes cantidades
de viento gris y de proyectos vagos,
apenas defendida
por una fe tan leve en tu calor
como la seda de tus medias.
Tu paso acelerado, contra el aire
se hacía la ilusión de que corriendo,
a primeros de octubre
se llega antes a la primavera.
Yo te escribí: «Tengo un verano
que se abre, sólo, cuando dos personas
que aman lo verde y tienen miedo al frío
al mismo tiempo llaman a su puerta.
No hay más invierno que la soledad.
Lo que funde la nieve es un amor
que se sirve del sol como su intérprete.

Toma mi brazo, acéptame este modo
sencillo de abolir, al mismo tiempo,
invierno y soledad, llamado amarse.
¿Quieres que entremos
en esa fiesta de las claridades
que empieza al iniciarse una pareja,
donde gracias a ciertas
sutiles transparencias y trasluces
de carne o de cristal, siempre anochece
mucho, mucho más tarde que en el mundo,
y la aurora coincide
con el primer deseo de la luz?»
El árbol entregó oportunamente
mi mensaje a tus pies. ¿Tú no recuerdas
una hoja que cayó cuando pasabas,
un rumor tierno por el suelo,
con las sílabas rotas de tu nombre
apenas susurradas, y un rodar
de materia muy leve, sobre piedras,
que iba detrás de ti, para salvarte
de tantas inclemencias solitarias?
Nunca me has contestado. Estoy seguro
de que, por no ir pensando en mí, la confundiste
con cualquier hoja de esas
que editan por millones los otoños
para hacer propagandas de lo ausente.

La tercera pregunta te la hice,
estando cerca, sí, muy cerca.
Abrazados estábamos.
Nuestro techo era abrazo,
las paredes y el suelo abrazo eran,
de ese color intenso
con que lo pinta todo el abrazarse.
Abrazo fue la puerta por que entramos.
La ventana era abrazo.
La noche, sus praderas,
el rebaño de mansos rascacielos

pastando estrellas con el cuello erguido,
a través del abrazo lo veíamos.
La visión era abrazo y oír abrazo.
Y estaban los sentidos
tan apretados unos contra otros
brindando a nuestra unión sus diferencias,
que hasta entonces mis ojos
no habían visto lo que vio el abrazo.
Por eso yo te pregunté sin voz
sólo estrechando aún más contra mi pecho
el cuerpo que los cielos me prestaban,
si tú sabías escribir
promesas con los ojos
y si en la hoja primera
del primer pliego de la aurora tú
me querrías trazar
cualquier palabra, por ejemplo: «eterno».
Mi afán era saber
cómo es tu letra cuando el alma escribe.
Tú no me has respondido. Lo comprendo.
Te habías ya dormido allí en mi pecho;
y mi pregunta como un ala se deshizo
al chocar con los ojos ya cerrados.
Algunas de sus plumas o palabras
—promesa, aurora, eterno— te rozaron
el alma, sí, pero tan levemente
que tú, creyendo que eran
uno de tantos sueños sin pregunta,
nunca has pensado en responder a un sueño.

[NO ME SUELTES]

Muchas veces me has dicho: «No me sueltes».
Yo nunca te lo digo,
pero lo estoy pensando: y tú lo oyes.
Y desde que una tarde nos perdimos

junto a un arroyo, porque tú querías
ser tú, sola, y yo solo,
no nos soltamos nunca de la mano.

No te me sueltes nunca en estos cuentos,
del podrá, del podría, del pudiera
ser, tan maravillosos
que cuando yo termino de decírtelos,
nos duele la mirada
de tanto querer verlos en el aire.
Cuando hablo de imposibles
apriétame la mano más que nunca.
Nada más triste que soltarse
como niños de cuento, en cualquier bosque
cuando se estaba al borde de las hadas
para buscar aparte ese tesoro
que sólo a una pareja se revela.
No hay un amor ni un cuento
que no tengan buen fin. Y si parece
que acaban mal es porque no sabemos
contar, amar hasta el final dichoso.
Para unas manos juntas que buscan, todo es víspera.

No te me sueltes en las calles céntricas.
Recuerda aquella tarde, estando a orillas
de un gran río metálico de ruedas,
desatado hacia el mar de los quehaceres,
en que por desprenderte
de mí te viste sola en un islote
de desolado asfalto,
cogida entre las ondas incesantes
de automóviles raudos. Hasta que otro
Neptuno manejando una luz verde
paró el torrente y yo volví a encontrar
tu mano y te arrastré hacia nuestra tierra.
Desde entonces andamos
por las grandes ciudades tan unidos
que las gentes al vernos

se miran con tristeza,
sus manos sueltas y se paran un momento
para llorar junto a un escaparate
donde nadie les vea,
más que los maniquíes confidentes,
el error de estar enamorados.

No te sueltes tampoco
donde tanto te gusta, en las praderas:
allí el viento te tienta
a ser otra vez viento y a escaparte
para volver después de dar la vuelta
a cinco o seis montañas. Tengo miedo.
Yo sé que muchas brisas,
jóvenes como tú, como tú tiernas,
seguras de sí mismas
dijeron que iban a jugar un rato
con unas hojas verdes: y no han vuelto.
Nunca más se ha sabido de su suerte
sino esta soledad y esta quietud
que detrás se dejaron, por soltarse.
Los mitos, en el campo, siempre acechan.
Yo nunca estoy seguro
de lo que tu aparencia me insinúa:
que eres simple mortal, de pura carne.
Cuando libras tu cuerpo de las sedas
un recuerdo de ninfa o diosa altiva
convierte nuestro abrazo en una fábula.
Y así, en el campo, un día,
si te suelto la mano, volver puedes
a tu mito y dejarme a mí llorando
al pie de un árbol:
soñando brazos y mirando ramas
en que a pesar de todos los inviernos
el recuerdo certero reconoce
un latido de sangre que me amaba.

No te me escapes nunca en los salones

adonde sueles ir algunas noches
vestida de unos rasos tan antiguos
que llenan todo el ámbito de músicas
y hacen llorar a espejos y bujías.
No te sueltes
cuando se inclinen sobre ti y te inviten
a aceptar el regalo que las fábricas
repiten por millares.
Piensa en la gran dulzura destilada
por un alma tan sólo para otra.
Y sin mover la mano
para poner azúcar en el té,
di: «Yo no tomo azúcar», sonriendo.
Porque aunque estés sin mí por esas fiestas
el cálido recuerdo de una mano
está siempre estrechándote a lo lejos:
y soltarlo porque es pura memoria
es más traición que abandonar un tacto.
También así se pierden o se salvan
cosas muy parecidas a la vida.

Y sobre todo no te sueltes nunca
cuando estemos durmiendo, sobre un lecho.
Comprendo bien por qué se alza tu brazo
trémulo, palpitante, vertical,
en el aire, a las tres de la mañana,
del fondo de tu sueño.
Las camas son inmensas, por lo blancas.
Y nadie sabe su extensión sin límite
más que el que tiene miedo
a que ya no le quieran, por la noche.
Las camas tienen níveas vertientes
—sólo parecen sábanas de hilo—
por donde los trineos del capricho
nos roban las promesas más seguras.
En su impoluto campo,
es siempre primavera
para toda semilla de futuro.

Y como un sueño pasa
de un ser a otro por los brazos,
abrazándose como el amor,
y desemboca allí en las palmas de las manos,
si tú te sueltas de la mano mía
perderás lo mejor que hemos ganado:
el don de soñar juntos, hechos cántico.
Y yo no quiero, no, perderte nunca
sobre esa casta anchura suavísima
donde el amor entero se nos cumple,
sin más tacto
que aquel en que una mano
entregada a otra mano,
aunque estemos dormidos,
hace sentir las sangres de dos seres
como una sola sangre:
la que da vida al corazón de un sueño.

Por eso yo te pido que vayamos
por este mundo con las manos juntas.

[QUÉ CONTENTA ESTARÁ EL AGUA]

¡Qué contenta estará el agua
mañana, cuando despierte
y se encuentre con su cauce,
los dos brazos que la llevan
estrechada a su destino,
entre orillas que se alegran!

¡Qué feliz será la luz,
mañana,
cuando se encuentre a los ojos,
que la apresan, y la emplean,
y sirve ya para ver!

¡Qué perfecto será el pájaro
cuando se encuentren sus alas,

y su cuerpo y los albores
del día, indeciso aún,
con un pío, con un cántico,
en la garganta dormido,
que dé voz a la mañana!

Pero el alma, dime, el alma
que al otro día de aquel
se encuentra ya sin más ojos,
sin más manos, sin más pies,
que los tristemente suyos,
que los solos,
dime ¿en qué cauce, en qué luz,
en qué canto va a vivir
si ya no le queda más
que el cuerpo suyo a esa alma?

[TAMBIÉN LAS VOCES SE CITAN]

También las voces se citan.
¿Y dónde van a citarse
si no es en el aire inmenso
que es su mundo? Pero el aire
no tiene caminos, nombres,
ni números ni señales.
La voz no puede decir
a su amada, la otra voz:
«Allí, junto al chopo aquél.»
(¡Qué yermo el aire, sin árboles!)
La voz no puede decir:
«En la playa.» Nunca hay olas
en los páramos del aire:
sólo esos ecos de espuma,
si altas vuelan, alas blancas.
La voz no puede decir:
«En la esquina de esa casa

pintada de azul.» (¡Qué tristes
los despoblados del aire,
donde se afanan los pájaros
por inventarse ciudades!)
Y salen las voces, salen,
allí, en lo oscuro calladas,
allí, por el cielo inmenso,
sin saber dónde encontrarse,
a ciegas, desesperadas,
siempre en busca del milagro
de hallar en el aire inmenso
a la voz de la pareja, siempre
esperando y esperada.
Y andan arriba y abajo,
dan vueltas, se ciernen, paran.
No se las oye: las voces
del amor no suenan nunca,
una sola y otra sola:
brotan las dos al juntarse;
o no nacen, se malogran.
Por eso la noche está
llena de voces ansiosas
que se quieren. Y el silencio,
para el que vive en amor,
no es más que un buscarse trémulo,
de dos voces voladoras.

[AHORA TE VEO MÁS CLARA]

Ahora te veo más clara.
No, no es por el mediodía,
por favor de la mañana.
Es que lloraste y lloré,
porque ya no nos veíamos.
Y nos vimos por las lágrimas.
Las lágrimas fueron luz.
Al pasar por sus cristales,

puras lentes del dolor,
tu imagen se quedó limpia,
ya para siempre, en mi alma.

Ahora te tengo más alta.
Te he hecho sufrir sin querer,
por quererte. Cada angustia
que de mi amor te ha nacido
en vez de hundirte en la pena
a otro escalón te empinaba
de tu propia gloria en mí.
Cada dolor por mi culpa
te volvía más sagrada.
Ahora no estás a mi lado:
miro hacia arriba y te veo.
Pero tú hacia mí te inclinas,
y hasta mi suelo me tiendes,
escala de tu cariño,
desde arriba, tu mirada.
Ahora estás lejos. Mi afán
de tenerte siempre cerca
te dio a ti afán de distancia.
Yo, ciego, siempre creyendo
que los abrazos enlazan,
te abrazaba y abrazaba.
Ahora ya sé que los árboles
tienen sus pájaros fieles
porque las ramas no atan:
ofrecen. Y que las nubes
nunca desertan los cielos
porque los cielos las dejan
que ellas escojan su rumbo
y que vengan o se vayan
como quieran, siempre abiertos
para que se busquen ellas
su camino. Amor, o cielo,
no son un camino, son

una oferta de infinitos
caminos, a nubes, almas.

¿Estarás ahora más cerca?
¿Tú, libre, suelta, lejana,
estarás ahora viniendo
hacia mí, porque me callo,
porque mi voz silenciosa,
ardiendo toda de espera,
parece que no te llama?

[¿TE ACUERDAS DEL LABERINTO?]

¿Te acuerdas del laberinto?
Circunstancias, condiciones,
murallas de verde mirto,
a la izquierda, a la derecha,
tristemente regulares,
encauzaban nuestra ansia
con sus rectas inflexibles,
nos quitaban lo infinito.
¡Qué ir y qué venir tan torpes!
Las sendas del laberinto
nos parecían caminos
y todo era andar, doblar
esquinas sin horizonte
para encontrarnos, llorando,
otra senda como aquella
de que habíamos salido.
Yo buscaba, tú buscabas.
Yo corría por delante,
te decía: «¡Por aquí!»,
creyendo que había hallado
en mi corazón el hilo.
Y tú me mirabas triste,
te soltabas de mi mano
y tu sueño de salir

nos separaba, aunque estábamos
tan cerca, allí, tan unidos.
¿Unidos? Nunca estarás
unida, junta, conmigo,
en un laberinto: sólo
puedes estar junto a mí,
cuando sientes muy abiertos,
para irte, para quedarte,
los rumbos y los caminos.
¡Cómo me dolió la vida
cuando te vi en la mirada
que ya te estaba pesando
en andar así conmigo:
que ya no eras mía, no!
Que a mi lado te tenía
no tu alegría gozosa,
no, ni tu alegre albedrío,
sino un penoso buscarle
salidas al laberinto.

Pero de pronto cantó
libre pájaro invisible,
por allá arriba. ¡Qué grito
di al ver lo que nos decía!
No andando, no, no con pies
se le encuentra su misterio
al amor o al laberinto.
Se le encuentra con el vuelo,
hacia arriba, con las alas.
Y ahora estamos escapados
de los sinos rectilíneos.
Libres, sueltos. Tú te vas,
volando, alegre. Te miro
te pierdo de vista. Espero.
¿Volverás, no volverás?
¿Estamos lejos o cerca?
¿No podemos estar juntos
como están juntos dos pájaros,

en el azul voluntario,
mejor que en el laberinto?
Lo que yo te ofrezco ahora
no son caminos trazados
entre murallas de mirtos:
es un ámbito sin límites,
un cielo de amanecer
por donde tus vuelos tracen
libres, sueltos, jubilosos
tu destino. Mi destino.

[¿DÓNDE ESTÁ MI VIDA, DI?]

¿Dónde está mi vida, di?
¿Tú sabes por dónde anda?
¿Está alternando con pájaros
por las salas de los aires?
¿Está flotando en el agua?
¿Está enterrada en la tierra,
esperando que le salgan
las flores que se promete?
Ni [en] agua en aire o en tierra,
está mi vida. La tienes
tú, toda entera entregada.
Yo no la llevo en mi cuerpo.
Tú la tienes. Ella es
lo que tú estés ahora haciendo
con ella dentro de ti.
¿Está alegre o está triste?
Yo no me atrevo a tener
alegrías o tristezas,
sin preguntarle a tu alma
por el color de mi vida.
Por eso tampoco tengo
mi muerte aquí en este pecho.
Tú, que posees las magias
que le dan vida a mi vida,

tienes las flechas, también,
con que mi vida se mata.
Flechas de tu voluntad,
aceros de tu mirada
que si un día lo decides
vendrán a mí disparadas,
a matar a un ser ya muerto
muerto ya cuando le toque
en la carne la saeta.
Porque yo me moriré
antes de sentir la muerte
aquí, donde está mi cuerpo,
desde el momento en que tú
me hayas matado en tu alma.

[NO RECHACES LOS SUEÑOS POR SER SUEÑOS]

No rechaces los sueños por ser sueños.
Todos los sueños pueden
ser realidad, si el sueño no se acaba.
La realidad es un sueño. Si soñamos
que la piedra es la piedra, eso es la piedra.
Lo que corre en los ríos no es un agua,
es un soñar, el agua, cristalino.
La realidad disfraza
su propio sueño, y dice:
«Yo soy el sol, los cielos, el amor.»
Pero nunca se va, nunca se pasa,
si fingimos creer que es más que un sueño.
Y vivimos soñándola. Soñar
es el modo que el alma
tiene para que nunca se le escape
lo que se escaparía si dejamos
de soñar que es verdad lo que no existe.
Sólo muere
un amor que ha dejado de soñarse
hecho materia y que se busca en tierra.

EL CONTEMPLADO

TEMA CON VARIACIONES

[1946]

La luz, que nunca sufre,
me guía bien.

(Muchas gracias, adiós.)

¿La luz es quien lo puso
todo en su tentativa de armonía?

(Paso a la aurora.)

JORGE GUILLÉN en *Cántico.*

EL CONTEMPLADO

Tema

De mirarte tanto y tanto,
del horizonte a la arena,
despacio,
del caracol al celaje,
brillo a brillo, pasmo a pasmo,
te he dado nombre: los ojos [44]
te lo encontraron, mirándote.

---

[44] *P.C.:* te he dado nombre; los ojos

Por las noches,
soñando que te miraba,
al abrigo de los párpados
maduró, sin yo saberlo,
este nombre tan redondo
que hoy me descendió a los labios.
Y lo dicen asombrados
de lo tarde que lo dicen.
¡Si era fatal el llamártelo!
¡Si antes de la voz, ya estaba
en el silencio tan claro!
¡Si tú has sido para mí,
desde el día
que mis ojos te estrenaron,
el Contemplado, el constante [45]
Contemplado!

---

[45]   *P.C.:* el contemplado, el constante

VARIACIÓN II

Primavera diaria

¡Tantos que van abriéndose, jardines,
    celestes y en el agua!

Por el azul, espumas, nubecillas,
    ¡tantas corolas blancas!

Presente, este vergel, ¿de dónde brota,
    si anoche aquí no estaba?

Antes que llegue el día, labradora,
    la aurora se levanta,

y empieza su quehacer: urdir futuros.
    Estrellas rezagadas,

las luces que aún recoge por los cielos
    por el mar va a sembrarlas.

Nacen con el albor olas y nubes.
    ¡Primavera, qué rápida!

Esa apenas capullo —nube—, en rosa,
    en oro, en gloria, estalla.

Blancas vislumbres, flores fugacísimas
    florecen por las campas

de otro azul. Si una espuma se deshoja,
    —pétalos por la playa—,

se abren mil; que el rosal de donde suben
    es rosal que no acaba.

De esplendores corona el mediodía
        el trabajo del alba.

Ya se ve en brillo, en ola, en pompa, en nube,
        la cosecha granada.

Una estación se abrevia: es una hora.
        Lo que la tierra tarda

tanto en llevar a tallos impacientes
        lo trae una mañana.

¿La aurora? Es la frecuente, la celeste,
        primavera diaria;

por el azul, sin esperar abriles,
        sus abriles desata.

¿De dónde su poder, el velocísimo
        impulso de su savia?

Obediencia. A la luz. Pura obediencia;
        ella, en su cenit, manda.

Espacios a su seña se oscurecen,
        a su seña se aclaran.

El mar no cría cosa que dé sombra;
        para la luz se guarda.

Y ella le cubre su verdad de mitos:
        la luz, eterna magia.

VARIACIÓN VII

«Las ínsulas extrañas»

¡Felices inmortales!
¡Las islas, qué felices son las islas!
Altas cunas, los riscos. ¡Bien nacidas!
Torva guardia les hacen soledades,
ventarros, nubes grises. Niñas, cimas.
En luz, en aire tibio, en aves, sueñan,
las, del mundo de abajo, maravillas.
Suavemente se escapan, encubiertas
con manto de pinar. Bajan sin prisa
en sosegadas curvas, verdeciéndose,
peldaños erigiéndose, colinas.
Cuando tocan al valle todo es claro:
empiezan a sentirse sus delicias,
mil pájaros, cien chopos, un arroyo;
espejo, en él se encuentran, sorprendidas.
Estas frondas, sus paces, tantas aves
y sus cantos, ¿son ellas, ellas mismas?
¡Felicidad! Lo que empezó en roquedos
ahora tierra es pradera, florecida.
Estrenan, encantadas, sus bellezas,
Venus verdes, tendiéndose en la umbría;
menea un airecillo sus cabellos,
herbazal, juncos, altas margaritas.
Breve sueño feliz. Aún queda el último
por descubrir, prodigio: es la marina.
Se detienen las islas, asombradas,
al llegar a los bordes de su vida.
¿Qué tierra es ésta, suya y toda nueva?
De oro parece, dócil, suavísima
al pensar que la piensa, al pie desnudo
que la pisa, a los ojos que la miran.
Intacta. Virginal. Arena. ¡Playas!
Fronteras del asombro. Empieza aquí
un mundo sin otoño y sin ceniza.

Refulgen gozos, júbilos destellan.
No hay soledad, es todo compañía.
Ola tras ola sigue a ola tras ola,
persigue espuma a espuma fugitiva,
dádivas sobre dádivas ofrecen
felicidades siempre repetidas.
Todo, alegre, se rinde, cielo, espacio:
¡imposible escapar a tanta dicha!
Esa blancura alzada, ¿es de la espuma
o aleteo de ángeles que invitan?
Invitan, sí, a las islas —son sus ángeles—
a dejarse su tierra en las orillas,
a un porvenir de azules —paraísos—,
a vida, allí, sin piedra y sin espina,
en canto, en salto, en albas hermandades,
bajo el cielo del mar, gloria infinita.
Si la tierra se acaba algo se empieza;
las olas que sin pausa se lo afirman,
angélicas sirenas, les convencen.
Y ellas arena abajo se deslizan.
Los ojos se equivocan en las playas:
se figuran que así mueren las islas.
Fingida muerte es. Van a su cielo:
su cielo el mar, que azul, cielo duplica.
Innumerables gracias por el agua
señas son de las gracias sumergidas.
Si ya no quedan hojas en sus álamos,
¿no son hojas las ondas que rebrillan?
El canto de los pájaros que fueron
las olas en susurro lo terminan.
De pluma puede ser, que vuela abajo
ese blancor de espuma estremecida.
Por el haz de lo azul, cuando el sol sale [46],
se abre, refleja, primavera vívida;

---

[46]   *P.C.:* Por el haz de lo azul, cuando el sol sale

flores son marchitadas en los prados,
que ahora al mar se le vuelven alegrías.
Y ese verdor que el agua transparenta
es de Arcadia que abajo se eterniza:
en los hondos del mar viven, salvadas,
almas verdes, las almas de las islas.

VARIACIÓN VIII

Renacimiento de Venus

Donde estuvo la nube ya no hay nube;
    los ojos, que la piensan.

Absoluto celeste, azul unánime
    sin ave, sin su anécdota.

Al célico sosiego otro marino
    sosiego le contesta.

Las últimas congojas de la ola
    playa se las consuela.

Tanto sollozo en leve espuma acaba,
    y la espuma en la arena.

Le basta un color solo a tanto espacio,
    sin vela que disienta.

El mar va por el mar buscando azules
    y a un azul los eleva.

Está el día en el fiel. La luz, la sombra
    ni más ni menos pesan.

Dentro del hombre ni esperanza empuja
    ni memoria sujeta.

El presente, que tanto se ha negado,
    hoy, aquí, ya, se entrega.

¡Presente, sí, hay presente! Ojos absortos
    felices le contemplan.

El tiempo abjura de su error, las horas,
    y pasan sin saberlas [47].

Aves, ondinas, callan, y de voces
    vacío el aire dejan.

La dilatada anchura del silencio
    de silencio se llena.

Es el vivir tan tenue, que no ata;
    la cautiva se suelta.

Por las campiñas, ya, el puro ser
    viene, va, se recrea.

Está el mundo tan limpio, que es espejo:
    la escapada lo estrena.

Radiante mediodía. En él, el alma
    se reconoce: esencia.

Segunda, y la mejor, surge del mar
    la Venus verdadera.

---

[47] *P.C.:* y pasa sin saberlas.

VARIACIÓN XIV

Salvación por la luz

Los que ya no te ven sueñan en verte
desde sus soterrados soñaderos,
—lindes de tierra por los cuatro lados,
cuna del esqueleto—.
Sed tienen, no en las bocas, ni de agua;
sed de visiones, ésas que tu cielo
proyecta —azules tenues— en su frente,
y tú realizas en azul perfecto.
Este afán de mirar es más que mío.
Callado empuje, se le siente, ajeno,
subir desde tinieblas seculares.
Viene a asomarse a estos
ojos con los que miro. ¡Qué sinfín
de muertos que te vieron
me piden la mirada, para verte!
Al cedérsela gano:
soy mucho más cuando me quiero menos.
Que estos ojos les valgan
a los pobres de luz. No soy su dueño.
¿Por cuánto tiempo —herencia— me los fían?
¿Son más que un miradero
que un cuerpo de hoy ofrece a almas de antes?
Siento a mis padres, siento que su empeño
de no cegar jamás,
es lo que bautizaron con mi nombre.
Soy yo. Y ahora no ven, pero les quedo
para salvar su sombra de la sombra.
Que por mis ojos, suyos, miren ellos;
y todos mis hermanos anteriores,
sepultos por los siglos,
ciegos de muerte: vista les devuelvo [48].

---

[48]   *P.C.:* Separación estrófica tras este verso.

¡En este hoy mío, cuánto ayer se vive!
Ya somos todos unos en mis ojos,
poblados de antiquísimos regresos.
¡Qué paz así! Saber que son los hombres,
un mirar que te mira,
con ojos siempre abiertos,
velándote: si un alma se les marcha
nuevas almas acuden a sus cercos.
Ahora, aquí, frente a ti, todo arrobado,
aprendo lo que soy: soy un momento
de esa larga mirada que te ojea
desde ayer, desde hoy, desde mañana,
paralela del tiempo.
En mis ojos, los últimos,
arde intacto el afán de los primeros,
herencia inagotable, afán sin término.
Posado en mí está ahora; va de paso.
Cuando de mí se vuele, allá en mis hijos
—la rama temblorosa que le tiendo—
hará posada. Y en sus ojos, míos,
ya nunca aquí, y aquí, seguiré viéndote.
Una mirada queda, si pasamos.
¡Que ella, la fidelísima, contemple,
tu perdurar, oh Contemplado eterno!
Por venir a mirarla, día a día,
embeleso a embeleso,
tal vez tu eternidad,
vuelta luz, por los ojos se nos entre.

Y de tanto mirarte, nos salvemos.

TODO MÁS CLARO
Y OTROS POEMAS

[1949]

*Eche por donde eche, vía de San Francisco o
vía de Baudelaire,* FIORETTI *o* FLEURS DU MAL,
todo poema digno acaba en iluminaciones [49].

TODO MÁS CLARO

Hacia una luz mis penas se consumen.

JORGE GUILLÉN.

I [50]

LAS COSAS

Al principio, ¡qué sencillo,
allí delante, qué claro!
No era nada, era una rosa
haciendo feliz a un tallo,
un pájaro que va y viene
soñando que él es un pájaro,
una piedra, lenta flor
que le ha costado a esta tierra
un esmero de mil años.
¡Qué fácil, todo al alcance!
¡Si ya no hay más que tomarlo!

---

[49]   No figura este texto en *P.C.*
[50]   En *P.C.* va precedido del título *(Camino del poema).*

Las manos, las inocentes
acuden siempre al engaño.
No van lejos, sólo van
hasta donde alcanza el tacto.
Rosa la que ellas arranquen
no se queda, está de paso.
Cosecheras de apariencias
no saben que cada una
está celando un arcano.
Hermosos, sí, los sentidos,
pero no llegan a tanto.

Hay otra cosa mejor,
hay un algo,
un puro querer cerniéndose
por aires ya sobrehumanos
—galán de lo que se esconde—,
que puede más, y más alto.
Un algo que inicia ya,
muy misterioso, el trabajo
de coger su flor al mundo
—alquimia, birlibirloque—
para siempre, y sin tocarlo.

II

EN ANSIAS INFLAMADA

¡Tinieblas, más tinieblas!
Sólo claro el afán.
No hay más luz que la luz
que se quiere, el final.
Nubes y nubes llegan
creciendo oscuridad.
Lo azul, allí, radiante,
estaba, ya no está.
Se marchó de los ojos,

vive sólo en la fe
de un azul que hay detrás.
Avanzar en tinieblas,
claridades buscar
a ciegas. ¡Qué difícil!
Pero el hallazgo, así,
valdría mucho más.
¿Será hoy, mañana, nunca?
¿Seré yo el que la encuentre,
o ella me encontrará?
¿Nos buscamos, o busca
sólo mi soledad?
Retumban las preguntas
y los ecos contestan:
«azar, azar, azar».
¡Y ya no hay arredrarse:
ya es donación la vida,
es entrega total
a la busca del signo
que la flor ni la piedra
nos quieren entregar.
¡Tensión del ser completo!
¡Totalidad! Igual
al gran amor en colmo
buscando claridad
a través del misterio
nunca bastante claro,
por desnudo que esté,
de la carne mortal.

III

VERBO

¿De dónde, de dónde acuden
huestes calladas,
a ofrecerme sus poderes,
santas palabras?

Como el arco de los cielos
luces dispara
que en llegarme hasta los ojos
mil años tardan,
así bajan por los tiempos
las milenarias.
¡Cuántos millones de bocas
tienen pasadas!
En sus hermanados sones,
tenues alas,
viene el ayer hasta el hoy,
va hacia el mañana.
¡De qué lejos misteriosos
su vuelo arranca,
nortes, y sures y orientes,
luces romanas,
misteriosas selvas góticas,
cálida Arabia!
Desde sus tumbas, innúmeras
sombras calladas,
padres míos, madres mías,
a mí las mandan.
Cada día más hermosas,
por más usadas.
Se ennegrecen, se desdoran
oros y plata:
«hijo», «rosa», «mar», «estrella»,
nunca se gastan.
Bocas humildes de hombres,
por su labranza,
temblor de labios monjiles
en la plegaria,
voz del vigía gritando
—el de Triana—
que por fin se vuelve tierra
India soñada.
Hombres que siegan, mujeres

que el pan amasan,
aquel doncel de Toledo,
«corrientes aguas»,
aquel monje de la oscura
noche del alma,
y el que inventó a Dulcinea,
el de la Mancha.
Todos, un sol detrás de otro,
la vuelven clara,
y entre todos me la hicieron,
habla por habla,
soñando, sueña que sueña,
canta que canta.
Delante la tengo ahora,
toda tan ancha,
delante de mí ofrecida,
sin guardar nada,
onda tras onda rompiendo,
en mí —su playa—,
mar que llevo a todas partes [51],
mar castellana.
Si yo no encuentro el camino
mía es la falla:
toda canción está en ella,
isla ignorada,
esperando a que alguien sepa
cómo cantarla.

¡Quién hubiera tal aventura,
una mañana;
mi mañana de San Juan
—alta mi caza—
en la orilla de este mar
quién la encontrara!

---

[51]   *P.C.:* mar que llevó a todas partes,

¡Qué hay allí en el horizonte?
¿Vela es, heráldica?
Una blancura indecisa
—puede ser ala—
hacia mí trémula espera,
¿sueña o avanza?
Se acerca, y dentro se oyen
voces que llaman;
suenan —y son las de siempre—
a no estrenadas.
De entre tantas una sube,
una se alza,
y el alma la reconoce:
es la enviada.
Virgen radiante, el camino
que yo buscaba,
con tres fulgores trisílaba,
ya me lo aclara;
a la aventura me entrego
que ella me manda.
Se inicia —ser o no ser—
la gran jugada:
en el papel amanece
una palabra.

IV

EL POEMA

Y ahora, aquí está frente a mí.
Tantas luchas que ha costado,
tantos afanes en vela,
tantos bordes de fracaso
junto a este esplendor sereno
ya son nada, se olvidaron.
Él queda, y en él, el mundo,
la rosa, la piedra, el pájaro,

aquéllos, los que al principio [52],
de este final asombrados.
¡Tan claros que se veían,
y aún se podía aclararlos!
Están mejor; una luz
que el sol no sabe, unos rayos
los iluminan, sin noche,
para siempre revelados.
Las claridades de ahora
lucen más que las de mayo.
Si allí estaban, ahora aquí;
a más transparencia alzados.
¡Qué naturales parecen,
qué sencillo el gran milagro!
En esta luz del poema,
todo,
desde el más nocturno beso
al cenital esplendor,
todo está mucho más claro.

NOCTURNO DE LOS AVISOS

¿Quién va a dudar de ti, la rectilínea,
que atraviesas el mundo tan derecha
como el asceta, entre las tentaciones?
Todos acatan, hasta el más rebelde,
tus rigurosas normas paralelas:
aceras, el arroyo,
los rieles del tranvía,
tus orillas, altísimos ribazos
sembrados de ventanas, hierba espesa,
que a la noche rebrilla
con gotas del eléctrico rocío.
Infinita a los ojos

---

[52] *P.C.:* aquéllos los del principio,

y toda numerada, a cada paso
un algo nos revelas
de dos en dos, muy misteriosamente:
setenta y seis, setenta y ocho, ochenta.
¿Marca es de nuestro avance hacia la suma
total, esclavitud a una aritmética
que nos escolta, pertinaz pareja
de pares y de impares,
recordando a los pájaros
esta forzosa lentitud del hombre?
¿O son, como los años, tantas cifras
señas con que marcar en la carrera
sin señales del tiempo, a cada vida,
las lindes del aliento,
año de cuna, año de tumba, texto
sencillo de dos fechas
que acaba en cualquier losa de sepulcro?
¿Llegaré hasta qué número? Quizá
tú no sabes tampoco adónde acabas.
Tu número cien mil, si tú pudieras
prolongarte, ya muerta, sin tus casas,
seguir, por el espacio, así derecha,
¿no sería la Arcadia, y dos amantes,
a la siesta tendidos en la grama,
antes de Cristo y de los rascacielos?
Nunca respondes, hasta que es de noche,
cuando en lo alto de tus dos orillas
empiezan los eléctricos avisos
a sacudir las almas indecisas.

«¡Lucky Strike, Lucky Strike!» ¡Qué refulgencia!
¿Y todo va a ser eso?
¿Un soplo entre los labios,
imitación sin canto de la música,
tránsito de humo a nada?
¿Naufragaré en el aire, sin tragedia?
Ya desde la otra orilla, otros destellos
me alumbran otra oferta:

«White Horse. Caballo Blanco» ¿Whisky? No.
Sublimación, Pegaso.
Dócil sirviente antiguo de la musas,
ofreciendo su grupa de botella,
al que encuentre el estribo que le suba.
¿Cambiaré el humo aquel por su poema?
¿Cuántas más luces hay, más hay, de dudas?
Tu piso, sí, tu acera, están muy claros,
pero rayos se cruzan en tus crestas
y el aire se me vuelve laberinto,
sin más hilo posible que aquí abajo:
el hilo de un tranvía sin Ariadna.
¡Qué fácil, sí, perderse en una recta!
Nace centelleante, otra divisa,
un rumbo más, y confusión tercera:
«¡Dientes blancos, cuidad los dientes blancos!»
Se abre en la noche una sonrisa inmensa
dibujada con trazos de bombillas
sobre una faz supuesta en el espacio.
¡Tan bien que me llevabas por tu asfalto,
cuando no me ofrecías tus anuncios!
Ahora, al mirarlos, no hay nada seguro,
para las mariposas, que se queman
un millar por minuto en torpes aras.
No sé por dónde voy más que en el suelo.
Y sin embargo el alba no se alquila.
Lo malo son las luces, las hechizas
luces, las ignorantes pitonisas
que responden con voces más oscuras
a las oscuras voces que pedían.
Ya otra surge,
más trágica que todas: «Coca Cola.
La pausa que refresca». Pausa. ¿En dónde?
¿La de Paolo y Francesca en su lectura?
¿La del Crucificado entre dos mundos,
muerte y resurrección? O la otra, ésta,
la nada entre dos nadas: el domingo.
Van derechos los pasos todavía:

quebrada línea, avanza, triste, el alma:
tu falsa rectitud no la encamina.
Fingiendo una alegría de arco iris
pluricolor se enciende otra divisa:
«Gozad del mundo. Hoy a las ocho y treinta.»
La van a defender cien bailarinas
con la precisa lógica de un cuerpo
que argumenta desnudo por el aire
mientras que las coristas,
con un ritmo de jazz, van repitiendo
aquel sofisma, aquél, aquel sofisma.
¿A eso llevabas? ¿El final, tan simple?
¿Vale la pena haber llegado al número
seiscientos veintisiete,
y encontrarse otra vez con nuestros padres?
Mas no será. Ya el príncipe constante,
que vuelve, si se fue, que no se rinde,
con su grito de guerra: «Dientes blancos,
no hay nada más hermoso», nos avisa,
contra la gran tramoya
que no se cansan de cantar los besos.
El dentífrico salva:
meditación, mañana tras mañana,
al verse en el espejo el esqueleto;
cuidarlo bien. Los huesos nunca engañan,
y ellos han de heredar lo que dejemos.
Ellos, puro resumen de Afrodita
poso final del sueño.
                              Ya no sigo.
Incrédulo de letras y de aceras
me sentaré en el borde de la una
a esperar que se apaguen estas luces
y me dejen en paz, con las antiguas.
Las que hay detrás, publicidad de Dios,
Orión, Cefeo, Arturo, Casiopea,
anunciadoras de supremas tiendas,
con ángeles sirviendo
al alma, que los pague sin moneda,

la última, sí, la para siempre moda,
de la final, sin tiempo, primavera.

CERO

Y esa Nada, ha causado muchos llantos,
Y Nada fue instrumento de la Muerte,
Y Nada vino a ser muerte de tantos.

FRANCISCO DE QUEVEDO.

Ya maduró un nuevo cero
que tendrá su devoción.

ANTONIO MACHADO.

I

Invitación al llanto. Esto es un llanto,
            ojos, sin fin, llorando,
escombrera adelante, por las ruinas
            de innumerables días.
Ruinas que esparce un cero —autor de nadas,
obra del hombre—, un cero, cuando estalla.

Cayó ciega. La soltó,
la soltaron, a seis mil
metros de altura, a las cuatro.
¿Hay ojos que le distingan
a la Tierra sus primores
desde tan alto?
¿Mundo feliz? ¿Tramas, vidas,
que se tejen, se destejen,
mariposas, hombres, tigres,
amándose y desamándose?
No. Geometría. Abstractos
colores sin habitantes,
embuste liso de atlas.

Cientos de dedos del viento
una tras otra pasaban
las hojas
—márgenes de nubes blancas—
de las tierras de la Tierra [53],
vuelta cuaderno de mapas.
Y a un mapa distante, ¿quién
le tiene lástima? Lástima
de una pompa de jabón
irisada, que se quiebra;
o en la arena de la playa
un crujido, un caracol
roto
sin querer, con la pisada.
Pero esa altura tan alta
que ya no la quieren pájaros,
le ciega al querer su causa
con mil aires transparentes.
Invisibles se le vuelven
al mundo delgadas gracias:
La azucena y sus estambres,
colibríes y sus alas,
las venas que van y vienen,
en tierno azul dibujadas,
por un pecho de doncella.
¿Quién va a quererlas
si no se las ve de cerca?

Él hizo su obligación:
lo que desde veinte esferas
instrumentos ordenaban,
exactamente: soltarla
al momento justo.

---

[53] En todos los casos, a lo largo del poema, tierra en *P.C.* figura
con minúscula.

                    Nada.
Al principio
no vio casi nada. Una
mancha, creciendo despacio,
blanca, más blanca, ya cándida.
¿Arrebañados corderos?
¿Vedijas, copos de lana?
Eso sería...
¡Qué peso se le quitaba!
Eso sería: una imagen
que regresa.
Veinte años, atrás, un niño.

Él era un niño —allá atrás—
que en estíos campesinos
con los corderos jugaba
por el pastizal. Carreras,
topadas, risas, caídas
de bruces sobre la grama,
tan reciente de rocío
que la alegría del mundo
al verse otra vez tan claro,
le refrescaba la cara.
Sí; esas blancuras de ahora,
allá abajo
en vellones dilatadas,
no pueden ser nada malo:
rebaños y más rebaños
serenísimos que pastan
en ancho mapa de tréboles.
Nada malo. Ecos redondos
de aquella inocencia doble
veinte años atrás: infancia
triscando con el cordero
y retazos celestiales,
del sol niño con las nubes
que empuja, pastora, el alba.

Mientras,
detrás de tanta blancura
en la Tierra —no era mapa—
en donde el cero cayó,
el gran desastre empezaba.

II

Muerto inicial y víctima primera:
lo que va a ser y expira en los umbrales
del ser. ¡Ahogado coro de inminencias!
Heráldicas palabras voladoras
—«¡pronto!», «¡en seguida!», «¡ya!»— nuncios de dichas
colman el aire, lo vuelven promesa.
Pero la anunciación jamás se cumple:
la que aguardaba el éxtasis, doncella,
se quedará en su orilla, para siempre
entre su cuerpo y Dios alma suspensa.
¡Qué de esparcidas ruinas de futuro
por todo alrededor, sin que se vean! [54]
Primer beso de amantes incipientes.
¡Asombro! ¿Es obra humana tanto gozo?
¿Podrán los labios repetirlo? Vuelan
hacia el segundo beso; más que beso,
claridad quieren, buscan la certeza
alegre de su don de hacer milagros
donde las bocas férvidas se encuentran.
¿Por qué si ya los hálitos se juntan
los labios a posarse nunca llegan?
Tan al borde del beso, no se besan.

Obediente al ardor de un mediodía
la moza muerde ya la fruta nueva.

---

[54]   *P.C.:* Separación estrófica tras este verso.

La boca anhela el más celado jugo;
del anhelo no pasa. Se le niega
cuando el labio presiente su dulzura
la condensada dentro, primavera,
pulpas de mayo, azúcares de junio,
día a día sumados a la almendra.

Consumación feliz de tanta ruta,
último paso, amante, pie en el aire,
que trae amor adonde amor espera.
Tiembla Julieta de Romeos próximos,
ya abre el alma a Calixto [55], Melibea.
Pero el paso final no encuentra suelo.
¿Dónde, si se hunde el mundo en la tiniebla,
si ya es nada Verona, y si no hay huerto?
De imposibles se vuelve la pareja.

¿Y esa mano —¿de quién?—, la mano trunca
blanca, en el suelo, sin su brazo, huérfana,
que buscas en el rosal la única abierta,
y cuando ya la alcanza por el tallo
se desprende, dejándose a la rosa,
sin conocer los ojos de su dueña?

¡Cimeras alegrías tremolantes,
gozo inmediato, pasmo que se acerca:
la frase más difícil, la penúltima,
la que lleva, derecho, hasta el acierto,
perfección vislumbrada, nunca nuestra!
¡Imágenes que inclinan su hermosura
sobre espejos que nunca las reflejan!

¡Qué cadáver ingrávido: una mañana
que muere al filo de su aurora cierta!

---

[55] *P.C.:* Calisto

Vísperas son capullos. Sí, de dichas;
sí, de tiempo, futuros en capullos.
¡Tan hermosas, las vísperas!
                                        ¡Y muertas!

III

¿Se puede hacer más daño, allí en la Tierra?
Polvo que se levanta de la ruina,
humo del sacrificio, vaho de escombros
dice que sí se puede. Que hay más pena.
Vasto ayer que se queda sin presente,
vida inmolada en aparentes piedras.

¡Tanto afinar la gracia de los fustes
contra la selva tenebrosa alzados,
de donde el miedo viene al alma, pánico!
Junto a un altar de azul, de ola y espuma,
el pensar y la piedra se desposan;
el mármol, que era blanco, es ya blancura.
Alborean columnas por el mundo,
ofreciéndole un orden a la aurora.
No terror, calma pura de este bosque,
de noble savia pórtico.
Vientos y vientos de dos mil otoños
con hojas de esta selva inmarcesible
quisieran aumentar sus hojarascas.
Rectos embisten, curvas les engañan.
Sin botín huyen. ¿Dónde está su fronda?
No pájaros, sus copas, procesiones
de doncellas mantienen en lo alto,
que atraviesan el tiempo, sin moverse.

Este espacio que no era más que espacio
a nadie dedicado, aire en vacío,
la lenta cantería lo redime
piedras poniendo, de oro, sobre piedras,
de aquella indiferencia sin plegaria.

Fiera luz, la del sumo mediodía,
claridad, toda hueca, de tan clara
va aprendiendo, ceñida entre altos muros,
mansedumbres, dulzuras; ya es misterio.
Cantan coral callado las ojivas.
Flechas de alba cruzan por los santos
incorpóreos; no hieren, les traen vida
de colores. La noche se la quita.
La bóveda, al cerrarse abre más cielo.
Y en la hermosura vasta de estos límites
siente el alma que nada la termina.

Tierra sin forma, pobre arcilla; ahora
el torno la conduce hasta su auge:
suave concavidad, nido de dioses.
Poseidón, Venus, Iris, sus siluetas
en su seno se posan. A esta crátera
ojos, siempre sedientos, a abrevarse
vienen de agua de mito, inagotable.
Guarda la copa en este fondo oscuro
callado resplandor, eco de Olimpo.
Frágil materia es, mas se acomodan
los dioses, los eternos, en su círculo.

Y así, con lentitud que no descansa,
por las obras del hombre se hace el tiempo
profusión fabulosa. Cuando rueda
el mundo, tesorero, va sumando
—en cada vuelta gana una hermosura—
a belleza de ayer, belleza inédita.
Sobre sus hombros gráciles las horas
dádivas imprevistas acarrean.
¿Vida? Invención, hallazgo, lo que es
hoy a las cuatro, y a las tres no era.
Gozo de ver que si se marchan unas
trasponiendo la ceja de la tarde,
por el nocturno alcor otras se acercan.

Tiempo, fila de gracias que no cesa.
¡Qué alegría, saber que en cada hora
algo que está viniendo nos espera!
Ninguna ociosa, cada cual su don:
ninguna avara; todo nos lo entregan.
Por las manos que abren somos ricos
y en el regazo, Tierra, de este mundo
dejando van sin pausa
novísimos presentes: diferencias.
¿Flor? Flores. ¡Qué sinfín de flores, flor!
Todo, en lo igual, distinto: primavera.
Cuando se ve la Tierra amanecerse
se siente más feliz. La luz que llega
a estrecharle las obras que este día
la acrece su plural. ¡Es más diversa!

IV

El cero cae sobre ellas.
Ya no las veo, a las muchas,
las bellísimas, deshechas,
en esa desgarradora
unidad que las confunde,
en la nada, en la escombrera.

Por el escombro busco yo a mis muertos;
más me duele su ser tan invisibles.
Nadie los ve: lo que se ve son formas
truncas; prodigios eran, singulares,
que retornan, vencidos, a su piedra.
Muertos añosos, muertos a lo lejos,
cadáveres perdidos,
en ignorado osario perfecciona
la Tierra, lentamente, su esqueleto.
Su muerte fue hace mucho. Esperanzada
en no morir, su muerte. Ánima dieron
a masas que yacían en canteras.

Muchas piedras llenaron de temblores.
Mineral que camina hacia la imagen,
misteriosa tibieza, ya corriendo
por las vetas del mármol,
cuando, curva tras curva, se le empuja
hacia su más, a ser pecho de ninfa.
Piedra que late así con un latido
de carne que no es suya, entra en el juego
—ruleta son las horas y los días—:
el jugarse a la nada, o a lo eterno
el caudal de sus formas confiado:
el alma de los hombres, sus autores.
Si es su bulto de carne fugitivo,
ella queda detrás, la salvadora
roca, hija de sus manos, fidelísima,
que acepta con marmóreo silencio
augusto compromiso: eternizarlos.
Menos morir, morir así: transbordo
de una carne terrena a bajel pétreo
que zarpa, sin mas aire que le impulse
que un soplo, al expirar, último aliento.
Travesía que empieza, rumbo a siempre:
la brújula no sirve, hay otro norte
que no confía a mapas su secreto;
misteriosos pilotos invisibles,
desde tumbas los guían, mareantes
por aguja de fe, según luceros.
Balsa de dioses, ánfora.
Naves de salvación con un polícromo
velamen de vidrieras, y sus cuentos
mármol, que flota porque vista de Venus.
Naos prodigiosas, sin cesar hendiendo
inmóviles, con proas tajadoras
auroras y crepúsculos, espumas
del tumbo de los años; años, olas
por los siglos alzándose y rompiendo.
Peripecia suprema día y noche,
navegar tesonero

empujado por racha que no atregua:
negación del morir, ansia de vida,
dando sus velas, piedras, a los vientos.
Armadas extrañísimas de afanes,
galeras, no de vivos, no de muertos,
tripulaciones de querencias puras,
incansables remeros,
cada cual con su remo, lo que hizo,
soñando en recalar en la celeste
ensenada segura, la que está
detrás, salva, del tiempo.

                            V

¡Y todos, ahora, todos,
qué naufragio total, en este escombro!
No tibios, no despedazados miembros
me piden compasión, desde la ruina:
de carne antigua voz antigua, oigo.

Desgarrada blancura, torso abierto,
aquí, a mis pies, informe.
Fue ninfa geométrica, columna.
El corazón que acaban de matarle,
Leucipo [56], pitagórico,
calculador de sueños, arquitecto,
de su pecho lo fue pasando a mármoles.
Y así, edad tras edad, en estas cándidas
hijas de su diseño
su vivir se salvó. Todo invisible,
su pálpito y su fuego.
Y ellas abstractos bultos se fingían,
pura piedra, columnas sin misterio.

---

[56] *P.C.:* Leuquipo.

Más duelo, más allá: serafín trunco,
ángel a trozos, roto mensajero.
Quebrada en seis pedazos
sonrisa, que anunciaba, por el suelo.
Entre el polvo guedejas
de rubia piedra, pelo tan sedeño
que el sol se lo atusaba a cada aurora
con sus dedos primeros.
Alas yacen usadas a lo altísimo,
en barro acaba su plumaje célico.
(A estas plumas del ángel desalado
encomendó su vuelo
sobre los siglos el hermano Pablo,
dulce monje cantero.) [57]
Sigo escombro adelante, solo, solo.
Hollando voy los restos
de tantas perfecciones abolidas.
Años, siglos, por siglos acudieron
aquí, a posarse en ellas; rezumaban
arcillas o granitos,
linajes de humedad, frescor edénico.
No piso la materia; en su pedriza
piso al mayor dolor, tiempo deshecho.
Tiempo divino que llegó a ser tiempo
poco a poco, mañana tras su aurora,
mediodía camino de su véspero,
estío que se junta con otoño,
primaveras sumadas al invierno.
Años que nada saben de sus números,
llegándose, marchándose sin prisa,
sol que sale, sol puesto,
artificio diario, lenta rueda
que va subiendo al hombre hasta su cielo.
Piso añicos de tiempo.
Camino sobre anhelos hechos trizas,

[57] *P.C.:* Separación estrófica tras este verso.

sobre los días lentos
que le costó al cincel llegar al ángel;
sobre ardorosas noches,
con el ardor ardidas del desvelo
que en la alta madrugada da, por fin,
con el contorno exacto de su empeño...
Hollando voy las horas jubilares:
triunfo, toque final, remate, término
cuando ya, por constancia o por milagro,
obra se acaba que empezó proyecto.
Lo que era suma en un instante es polvo.
¡Qué derroche de siglos, un momento!
No se derrumban piedras, no, ni imágenes;
lo que se viene abajo es esa hueste
de tercos defensores de sus sueños.
Tropa que dio batalla a las milicias
mudas, sin rostro, de la nada; ejército
que matando a un olvido cada día
conquistó lentamente los milenios [58].
Se abre por fin la tumba a que escaparon;
les llega aquí la muerte de que huyeron.
Ya encontré mi cadáver, el que lloro
Cadáver de los muertos que vivían
salvados de sus cuerpos pasajeros.
Un gran silencio en el vacío oscuro,
un gran polvo de obras, triste incienso,
canto inaudito, funeral sin nadie.
Yo sólo le recuerdo, al impalpable,
al NO dicho a la muerte, sostenido
contra tiempo y marea: ése es el muerto.

Soy la sombra que busca en la escombrera.
Con sus siete dolores cada una
mil soledades vienen a mi encuentro.
Hay un crucificado que agoniza

---

[58] *P.C.:* Separación estrófica tras este verso.

en desolado Gólgota de escombros,
de su cruz separado, cara al cielo.
Como no tiene cruz parece un hombre.
Pero aúlla un perro, un infinito perro
—inmenso aullar nocturno, ¿desde dónde?—,
voz clamante entre ruinas por su Dueño.

CONFIANZA

[1954] [59]

---

[59] En *P.C.:* 1955.

A la memoria de Juan Centeno.

CONFIANZA [60]

Mientras haya
alguna ventana abierta,
ojos que vuelven del sueño,
otra mañana que empieza.

Mar con olas trajineras
—mientras haya—
trajinantes de alegrías,
llevándolas y trayéndolas.

Lino para la hilandera,
árboles que se aventuran,
—mientras haya—
y viento para la selva.

Jazmín, clavel, azucena,
donde están, y donde no
en los nombres que los mientan.

---

[60] En la edición de *Poesías completas,* este poema, que da nombre al libro, va al final. (Nota de Jorge Guillén: en adelante J. G.)

Mientras haya
sombras que la sombra niegan,
pruebas de luz, de que es luz
todo el mundo, menos ellas.

Agua como se la quiera
—mientras haya—
voluble por el arroyo,
fidelísima en la alberca.

Tanta fronda en la sauceda,
tanto pájaro en las ramas
—mientras haya—,
tanto canto en la oropéndola.

Un mediodía que acepta
serenamente su sino
que la tarde le revela.

Mientras haya
quien entienda la hoja seca,
falsa elegía, preludio
distante a la primavera.

Colores que a sus ausencias
—mientras haya—
siguiendo a la luz se marchan
y siguiéndola regresan.

Diosas que pasan ligeras,
pero se dejan un alma
—mientras haya—
señalada con sus huellas.

Memoria que le convenza
a esta tarde que se muere
de que nunca estará muerta.

Mientras haya
trasluces en la tiniebla,
claridades en secreto,
noches que lo son apenas.

Susurros de estrella a estrella
—mientras haya—,
Casiopea que pregunta
y Cisne que la contesta.

Tantas palabras que esperan,
invenciones, clareando
—mientras haya—,
amanecer de poema.

Mientras haya
lo que hubo ayer, lo que hay hoy,
lo que venga.

EL OCIO [61]

El ocio es nuestro negocio.
¿Quién lo dice? La mañana
está trémula de voces,
que lo dicen, que lo cantan;
las voces de los dichosos,
que no hacen nada.

Los dos amantes noveles
tendidos en el ribazo
aprendiendo van su arte,
amarse, paso, muy paso [62].
Azul se mira en azul,

---

[61] En *Poesías completas*, «Regalo». (J. G.)
[62] *P.C.:* Separación estrófica tras este verso.

cambian su saber los ojos,
y amor se enseña sin pena,
mirándose sólo.
Está acorde el herbazal;
innumerables sus tallos,
tiernas vocecillas verdes,
al dúo amante hacen coro
en susurros ondulando.
El viento
va tan quedo
que de servidumbre escapa,
y no aprovecha a molino
trajinero [63].
Acariciar, sí acaricia;
mover, sí mueve:
de la amante los cabellos.
Un agua clara,
que se oye y ya no se oye,
cernida
entre sonido y silencio,
tras de la arboleda prieta,
brilla,
y apenas brilla, se apaga.
¿Pasa o no pasa?
Que lo entienda
la mirada como quiera
ella: si mira hacia abajo,
agua que corre se marcha;
pero si mira más alto,
esta agua corredera,
no se marcha, llega.

Con cada paso que da
a su cenit la mañana,
verdades y más verdades,

---

[63]   *P.C.:* Separación estrófica tras este verso.

por el aire se dilatan.
Todo se entiende mejor
a orillas de la hora alta.
A preguntas del silencio
vienen respuestas muy claras.
¿Trabaja el sol? No trabaja,
sale, luce, esplende, alegra.
La mariposa, ¿se afana?
No, libre vuela, gozosa
autora de su jornada.
El soto no es oficina
de sus arbolillos mozos;
felices chopos,
sólo les pone tarea,
por abril, la primavera.
Lo que les manda que hagan,
es echar las hojas nuevas.

¡Tan movido y tan feliz,
se siente el mundo,
activo todo, y sin ansia!
Algo hay que viene y que va,
mirar de amor a mirada
de amor. Y tan sin parar,
que no hay miedo a que se pase
porque así, yendo y viniendo,
se está.
Algo hay que corre y no huye,
el agua entre ramos verdes,
pasares que se remansan [64].

¿Cómo?
¿No hay nada que no se mueva,
y todo vive en reposo?
¿Cómo?

---

[64]   *P.C.:* No hace la separación estrófica que hay tras este verso.

¿Nada quieto y todo en calma?
¿Cómo? ¿Que nadie hace nada,
y todos,
desde lo alto sol al cínife,
anda o vibra o goza o canta?
¿Cómo, que así, sin buscarlo,
tanto, sin buscar, se halla?
¿Es galardón de un esfuerzo?
No, regalo de la gracia.

ALGO QUIERE [65]

Si por cauces, entre juncias,
en busca corre la nieve
de corales que soñó;
si redondas formas claras
por el aire van y vienen
entre raquetas o liras;
si el pájaro echa a volar
porque se abre de repente
surtidor en el silencio,
todo es adrede,
el mundo algo quiere.

Si en contar las hojas secas
las estrellas se entretienen,
y van menguando los días;
si ese niño se equivoca
y dice: «cuatro y dos siete»,
al ver cruzar una nube;
si los duraznos de junio
agraces truecan por mieles,
y verdores por carmines,
todo es adrede,
el mundo algo quiere.

---

[65] En *Poesías completas*, «Adrede». (J. G.)

Si al pasar junto a un espejo
mi misma imagen me duele,
porque no es como sería;
si se rompe un mito y Dafne
llora en primavera al verse
rosados brazos sin hoja;
si grita y grita el teléfono
y la otra voz está ausente
y un porvenir agoniza,
todo es adrede,
el mundo algo quiere.

Si artera sota se acerca
de puntas sobre el tapete
y asesina al quinto sueño;
si existe amor tan ingrávido
que ningún reló le siente
y escapa a ayer o a mañana;
si palabras tan distintas
acaban por entenderse
como «abril», «mil», «beso», «peso»,
todo es adrede,
el mundo algo quiere.

Si el haragán, rey del ocio,
en yerba de abril se tiende,
silba, que silba, que silba;
si doce doncellas lloran
y ningún héroe viene
a arrancarlas de sus cifras;
si un imposible me salva
a orillas del accidente,
tirándome de mi sombra,
todo es adrede,
el mundo algo quiere.

Que aunque villano, el azar
visibles rumbos no lleve,
el aire todo es caminos.
¿Lo casual? Hermosas máscaras
que la suerte
pone y quita, quita y pone
sobre la faz de lo adrede.
El mundo algo quiere.

LA GOTA [66]

¡Qué trémulo es el estar
de recién llovida gota
en la hoja
de este arbusto! Cuando iba
fatal, de la nube al suelo,
la delgada hojilla verde
corta su paso
y la para. ¡Qué milagro!
¿La va a salvar de la tierra,
que está tan cerca, a tres palmos,
ávida esperando?
¿O será sólo descanso,
desesperada estación
colgante, allí en el camino
desde su arriba a su abajo?
¿La hojilla verde, antesala
sólo, breve, deliciosa,
de su tránsito?
Esta vida, columpiándose,
no es vida, dulce es retraso
de un morir que no perdona.
Un destino se estremece
en la punta de este ramo,

---

[66] En *Poesías completas*, «Parada». (J. G.)

cuando el pesar de la gota
hace inclinarse a la hoja,
ya casi rendida. Pero
si hay algo letal que oprime,
algo verde hay que resiste;
si algo hay que hacia un suelo llama,
algo hay trémulo, que salva.
Y la hoja
se doblega, va cediendo,
con su gran menuda carga,
de tanto y tanto cristal
celeste; mas no se rinde.
Otra vez se yergue y alza,
su luz diamante, en volandas.
Morir, vivir, equilibrio
estremecido: igual pesan
en esta verde balanza.
Puro silencio, el jardín,
se hace escenario del drama.
La pausa entre vida y muerte
fascinada tiene, toda
sin aliento, a la mañana.
De miedo, nada se mueve.
La inminencia de un peligro,
—muerte de una gota clara—
crea en torno ondas de calma.
¡Y ahora...! [67]
Si no sopla un aire súbito,
si un pájaro violento
que no sabe lo que ocurre
no se cala en el arbusto,
si un inocente que juega
al escondite no viene
a sacudir a esta rama [68].

---

[67]   *P.C.:* ¿Y ahora ...?
[68]   *P.C.:* Separación estrófica tras este verso.

¡Si el Sol, la Luna, los astros,
los vientos, el mundo entero
se están quietos! [69]
Si no pasa nada, nada,
y un presente se hace eterno,
vivirá la gota clara
muchas horas, horas largas,
ya sin horas, tiempos, siglos,
así, como está,
entre la nube y el limo
salvada.

EL PÁJARO [70]

¿El pájaro? ¿Los pájaros?
¿Hay sólo un solo pájaro en el mundo
que vuela con mil alas, y que canta
con incontables trinos, siempre solo?
¿Son tierra y cielo espejos? ¿Es el aire
espejeo del aire, y el gran pájaro
único multiplica
su soledad en apariencias miles?
(¿Y por eso
le llamamos los pájaros?) [71]
¿O quizá no hay un pájaro?
¿Y son ellos,
fatal plural inmenso, como el mar,
bandada innúmera, oleaje de alas,
donde la vista busca y quiere el alma
distinguir la verdad del solo pájaro,
de su ausencia sin fin, del uno hermoso?

---

[69] *P.C.:* no da los signos de admiración.
[70] En *Poesías completas,* «¿Qué pájaros?». (J. G.)
[71] *P.C.:* Separación estrófica tras este verso.

EN UN TRINO

Soy feliz en un trino
tembloroso de pájaro
que alguien mandó bajar
hasta este desamparo
a decir que se vuelve
con los ojos cerrados,
sin moverse, siguiéndole
a aquel mundo perdido
donde hubo tanto canto.

Soy feliz por el verde
tierno que está apuntando
en esas hojas nuevas,
las que tanto tardaron,
sin que desesperase,
ni en las nieves más blancas,
de esperarlas, el árbol.
Fe, se la dio el recuerdo:
en la oscura memoria
de frondas que pasaron
futuros se sentían
de innumerables mayos.

Soy feliz en el aire,
dejándome en sus brazos [72],
volar donde ellos vuelen
a sus rumbos, sin clave,
mejores que mis pasos.
Me ciñen, me arrebatan
sin sentir casi. Porque
el aire lleva al colmo
las ternuras del tacto.
Y tan puro es su cuerpo

---

[72]   *P.C.:* dejándome en sus brazos

que el mayor arrebato
en que su amor me envuelve
es igual al descanso.

Soy feliz en la luz,
en luz enajenado.
Huyo, salgo de mí,
entro en ella, y me aclaro.
Tan dorada dulzura
abejas misteriosas,
que están al otro lado
del día, en las colmenas
nocturnas, la fabrican,
libando en los jardines
de los luceros altos [73].
No quiero ser dichoso,
caricias, con mis manos.
No quiero ser feliz
en besos, en los labios,
sin cesar inventores
de espléndidos engaños.
Ni con el alma casi [74]
quisiera. Hay almas torpes.
Ahora voy retirándome
ya de mí, hacia vosotros,
inevitables sabios
del aire, por el aire.
Feliz seré mirando
a las felicidades
que susurran, que vuelan
de la rama y del pájaro,
lentamente olvidado
de mí, ya sin memoria.
Feliz por los caminos

---

[73]   *P.C.:* Separación estrófica tras este verso.
[74]   *P.C.:* de espléndidos engaños
            ni con el alma casi

que cerrados tenía
y me abren los villanos.
Lo que yo no acerté
otros me lo acertaron.

NUBE CERCA [75]

Se siente una lluvia cerca.
A esa nube gris plomiza [76],
que por su altura navega,
tan sin prisa soñadora,
se le puede ver el rumbo:
es un jardín;
el sueño se le descifra:
es una rosa.

¡Qué aparente lo marmóreo,
qué indecisa su firmeza!
Su tenue ser vaporoso
con encarnaciones sueña
vislumbradas,
desde arriba, aquí, en la Tierra [77].
Con tiernas formas intactas
que, invisibles todavía,
aún no abiertas,
puras vísperas de flor
en algún jardín esperan
a que llueva agua de mayo,
a que llueva.
Llueve ya.
La nube inicia su tránsito
por el aire, y la ciudad
se trastorna, cuando llega.

---

[75] En *Poesías completas,* «Nube en la mano». (J. G.)
[76] *P.C.:* a esa nube gris, plomiza,
[77] *P.C.:* tierra

En los llanos del asfalto
luminosa brota yerba
repentina, son reflejos.
Los suelos todos se pueblan
de radiante césped trémulo,
y en la insólita pradera
saltan las ancas brillantes
de las más extrañas bestias,
todas de curvos colores,
que pastan las luces frescas.

Agua de mayo, lloviendo
la nube está.
¿Y ha de quedar todo en eso?
¿Acaba así tanta altura,
en paraguas callejeros?
No. En su oficina, un vergel,
la vieja alquimia prepara
su divino arte secreto.
Esperan botón, capullo,
algo,
aunque de la tierra venga,
más celeste que terreno.
Lento, se empapa el jardín
de lo que antes era cielo.
Muy despacio, tallo arriba
la nube gris va subiendo.
Su gris se le torna rosa,
lo fosco se vuelve tierno.
Perfecciones que soñara,
errabunda, por los cielos,
la nube se las realiza
en el capullo que ha abierto.
Y aquella deriva lenta,
por los anchos firmamentos,
en suave puerto termina:
en la calma de unos pétalos.
¿Quién de menos la echaría,

quién va a decir que se ha muerto,
si en el azul absoluto
falta su bulto sereno?
Está aquí, que yo lo siento,
olor de nube, en la flor,
celeste, en tierra, resuelto.
Y si ayer vapor la vi,
en mi mano está su peso,
ahora, leve; y sus celajes
en carmines los poseo.

Feliz la nube de mayo,
que en esta o aquella rosa,
cumple su sino perfecto.
Feliz ella, y feliz yo,
que la tengo.

ÉSTA

¡Cuánto olor en esta rosa!
Si regalo de hoy, traído
por el alba mandadera,
puro presente, parece,
respiro
en su temporal delicia
siglos de olores de rosa,
miles
de vergeles escondidos
—Sevillas o Babilonias,
Versalles quizá o Egiptos—
en los pensiles del tiempo.
Aspirando estoy en ésta
diverso aroma, y el mismo:
el de ella, en mi mano, aquí,
y detrás un largo aroma
de rosas, rosas más rosas,

fragantes desde su ayer:
aroma de desolvidos.
¿Marchitos
tantos pétalos pasados?
¿Muertos?
    Nunca muertos. Vivos
ante mis ojos, en esta
rosa que va, con divino
paso del alba a la noche;
tan señora de su ritmo
de sin pereza y sin prisa,
tan sin miedo a su destino
de ser breve, que se encuentra
su grandeza allí: en lo mínimo.
¿Su ternura? Engaño era:
rosa más dura que peña.
Mentira su breve sino.
Más que piedras de tronchados,
ella durará, obeliscos.
Y en su tallo, más que en ellos
colúmpiase un infinito.

RADIO Y VIOLÍN [78]

Feliz amante, duerme la pradera
   en brazos de su estío,
cuando inician la máquina y el pájaro
   un dúo, de improviso.

Allá, muy lejos, treinta violines
   dibujan una pena;
y prodigios del aire la convierten
   en mágica presencia.

Aquí, entre espesas frondas celadoras,
   cumple pájaro solo

---

[78] En *Poesías completas*, «Pájaro y radio». (J. G.)

empleo que los siglos le confían:
    ser ministril del gozo.

Bastidores, choperas, cerros dulces,
    verdes anfiteatros,
a este dúo a distancia y que se ignora
    erigen escenario.

Público de follajes y sus sombras
    embelesado escucha;
su aplauso, de tan tierno, se confunde
    con aires que susurran.

Premio apenas visible, filigrana
    por la brisa flotando,
sin decidir va y viene, tornadiza,
    la joya del vilano.

De pronto en aquel lejos, ¡y tan junto!,
    se desmayan las cuerdas.
En la escena asombrada, la alegría
    dueña, sola, se queda.

Trino más trino, el ave su victoria
    proclama en trono verde.
De triunfos embriagado, por fin deja
    que un vuelo se lo lleve.

Ya sin actor ni drama, va la tarde
    sus telones plegando.
Las largas sombras, mudos tramoyistas,
    desarman el tinglado.

Si hay penas o alegrías, ¿quién lo sabe
    ahora? Todo se calla.
Melifica otro ocaso el horizonte
    y la paz se restaura.

COLECCIÓN AUSTRAL

Serie azul: Narrativa
Serie roja: Teatro
Serie amarilla: Poesía
Serie verde: Ciencias/Humanidades

ÚLTIMOS TÍTULOS PUBLICADOS